滙古菁華

（第一册）

UESTCP
电子科技大学出版社

图书在版编目（C I P）数据

汇古菁华 : 全 6 册 / (明) 张国玺 , (明) 刘一相编
. -- 成都 : 电子科技大学出版社 , 2017.10
ISBN 978-7-5647-5190-6

Ⅰ . ①汇… Ⅱ . ①张… ②刘… Ⅲ . ①古籍－汇编－中国 Ⅳ . ① Z121.7

中国版本图书馆 CIP 数据核字 (2017) 第 239300 号

汇古菁华（全 6 册）

（明）张国玺　刘一相　编

策划编辑　刘　愚　杜　倩
责任编辑　刘　愚　李　倩

出版发行　电子科技大学出版社
成都市一环路东一段 159 号电子信息产业大厦九楼　邮编 610051
主　　页　www.uestcp.com.cn
服务电话　028-83203399
邮购电话　028-83201495

印　　刷　虎彩印艺股份有限公司
成品尺寸　185 mm×260 mm
印　　张　180.75
字　　数　1400 千字
版　　次　2017 年 10 月第 1 版
印　　次　2017 年 10 月第 1 次印刷
书　　号　ISBN 978-7-5647-5190-6
定　　价　4980.00（全 6 册）

出版説明

現代漢語用『圖書』表示文獻的總稱，這一稱謂可以追溯到古史傳説時代的河圖、洛書。在從古到今的文化史中，圖像始終承擔着重要的文化功能。傳説時代的大禹『鑄鼎象物』，將物怪的形象鑄到鼎上，使『民知神奸』。在《周易》中也有『制器尚象』之説。一般而論，文化生活皆有與之對應的物质層面的表现。在中國古代文獻研究活動中，學者也多注意器物、圖像的研究，如《詩》中的草木、鳥獸，《山海經》中的神靈物怪，《禮儀》中的禮器、行禮方位等，學者多畫爲圖像，與文字互相印證，成爲經學研究中的『圖説』類著述。至宋元以後，庶民文化興起，出版業高度發達，版刻印刷益發普及，在普通文獻中也逐漸出現了圖像資料，其中廣泛地涉及植物、動物、日常的物質生產程序與工具、平民教化等多個方面，其中流傳至今者，是我們瞭解古代文化的重要憑藉，通過這些圖文並茂的文本，讀者可以獲得對古代文化生動而直觀的感知。爲了方便讀者閱讀，我們將古代文獻中有關圖像、版畫、彩色套印本等文獻輯爲叢刊正式出版。

本編選目兼顧文獻學、古代美術、考古、社會史等多個種類，範圍廣泛，版本選擇也兼顧了古代東亞地區漢文化圈的範圍。圖像在古代社會生活中的一大作用爲促進平民教化，即古人所謂的『圖像古昔，以當箴規』，（語出何宴《景福殿賦》）明清以來，民間勸善之書，如《陰騭文》《閨范》等，皆有圖解，其中所宣揚的古代道德意識中的部分條目固然爲我們所不取，甚至應該是批判的對象，但其中多有精美的版畫，除了作爲古代美術史文獻以外，也可由此考見古代一般平民的倫理意識，實爲社會史研究的重要材料。

本編擬目涉及多種類型的文獻，茲輯爲叢刊，然亦以單種別行為主，只有部分社會史性質的文本，因爲篇卷無多，若獨立成册則面臨裝幀等方面的困難，則取同類文本合爲一册。文獻卷首都新編了目録以便檢索，但爲了避免與書中内容大量重複，無謂地增加篇幅，有部分新編目録較原書目録有所簡略，也有部分文本性質特殊，原書中本無卷次目録之類，則約舉其要，新擬條目，其擬議未必全然恰當。所有文獻皆影印，版式色澤，一存古韻。

《滙古菁華》總目録

二十四卷　張國璽　劉一相　編明萬曆二十四年山陽知縣何際可刊本

第一册

第二册

第三册

第四册

第五册

第六册

第一册目録

匯古菁華 一

共十八冊

刻滙古菁華叙

余自發歲即有志好古每讀
五經諸史百家之言輙手録
其精粹名曰菁華昕夕與俱
竊臣自湖迨督學南畿凟謀

諸聶馮二觀察君郭水部君
及合肥胡令刻名世文宗以
詔諸生雖稍加充拓猶憎其
未備既摠漕淮上得守淮觀
察張君與其友戴部劉君所

彙選古文若干卷自宋唐而上歷六朝三國兩漢先秦七國春秋之季見人抉其奇家摽其體而已五經冠之先麻幾乎稽古大觀余昔有志而

未逮者咸華是矣爰揆剞劂
命之爲滙古菁華感初志也
夫剪綵雖工不與園林埒美
本之則無如華何蕐在人爲
文本在人爲心其文洞達其

心叡知其文精切其心貞一其文融貫其心圓瑩其文端嚴其心光大其文温藹其心中和是心也天地涵之而造化衍古人藴之而著述宏非

徒古人人皆有之者也讀古人之文見古人之心得古人之心發吾心之文羲畫孔筆觸之而是齋神入聖無往不臻有其華必有其實由是穿

民物成位育古、人事業寧不
外此、直文章云乎、不則黼其
藻繢、傚其脣吻而已、亦何能
萬一古人哉、
時

萬曆二十四年歲次丙申秋
八月吉旦
賜進士第資政大夫戶部尚書
兼都察院右副都御史奉
勅總督漕運提督軍務巡撫鳳

陽等處地方前都察院右僉
都御史協理院事右僉都御
史巡撫河南四川道監察御
史巡按陝西河南提督南直
隸學校晉陽愛所褚鈇撰

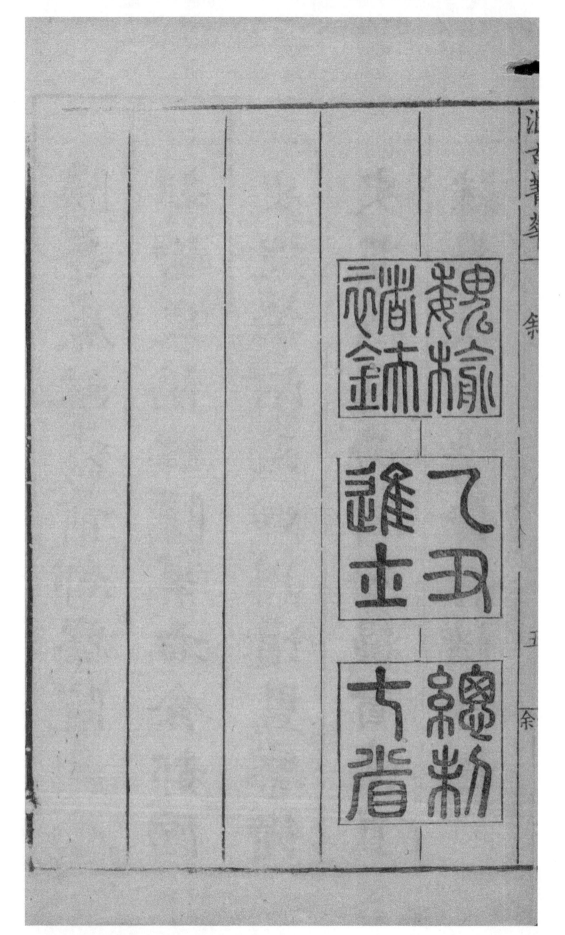

魏榆之鉨

乙丑進士

總勅七省

滙古菁華敘

周衰天子之统散而為列國
經统散而為諸子百家言浸
淫六代瀰漫唐宋與所論於
文品則然非以稽道脉也

明興以經術榮士、士之習古文
詞詩賦者目爲外道、不知實
相爲用、其在弘正嘉隆之際
猶有爾雅長厚風、降而丙壬
士務詭僻文務嶮峭、久之且

剌儒書爲凡近竄神梵語溺
志異典雖釐正之旨三令五
申猶弁髦之則亦何繇翼聖
真而求實用哉余方思亟挽
之蕪從會守淮安觀察張君

出一編相示題為滙古菁華曰是璽曁比部郎劉頊陽竆季歲所採拓者欲鐫之以廣同志猥云不佞產齊魯間近宣聖之居若此其甚亦嘗以

詩書禮樂起家遂以叙見屬顧不佞不能文惡能究文之精以思見三代之英於今日哉竊惟剖判以来一元渾合融為道真六經固所以衍一

中危微之緒使天下萬世共由之易之冲玄詩之和婉書之莊雅春秋之謹嚴皆是物也至禮檀弓周禮考工記家語等篇辭微指博論崇議閎

誦其義者如出乎其時孔子
周人也歎曰郁郁乎文哉又
曰述而不作信而好古維道
之意深矣六經而下左國之
文高峻嚴整班馬之文疏朗

豪宕唐至昌黎起八代之衰
宋集諸儒演六經之旨大都
繼孔氏而作思託於虞夏之
典商周之誥以元祐言之洙
泗嫡子不媿家轂者也他如

陳壽定三國紀蕭統選六朝
體詞賦命七道德南華非不
燁然可覩然欲闡明危微將
無愈明愈晦愈合愈離者耶
是編也始帝世下迨天寶元

祐旁及屈賈老莊或析而合
或羣而介詎能舍栿津而渡
無涯哉說者謂求之析與不
析之間則景之罔兩也求之
羣與不羣之間則九方皋之

牝牡驪黃也求之不析不羣之間則鷦鵬之雷轂象罔之玄珠也雖然皮之不存毛將安附千金之裘豈一狐之腋斯張君滙古意也故滙而唐

以前無略惜其遺也滙而宋
以後無廣惡其濫也寧簡而
精毋盡而庸寧璞而全毋雕
而傷方之名世何所不該擬
之英華則亦何損土鼓蕢桴

齊竽秦缶蓋翕然畢陳已余知海内之士一讀三歎未有不奉為功令者則嚼古之精可以寳今之用即一元渾合之妙六經玄微之旨亦昭晰

無餘、天子一日坐明堂徵制誥白麟赤雁之章芝房寶鼎之歌不患無所本矣孔子學周禮而盛述古、司馬遷傳世家、謂漢

滑天統而承三五皆重昭代也張君之意念良獸深焉則亦何必坐石渠紬天祿而後成其卧理之暇詮次已具便可傳之通邑大都無不利之

典也、不佞樂爲之敘、遂忘固陋而題其首、

時

萬曆二十四年歲次丙申秋

八月吉旦

賜進士第文林郎巡按直隸監
察御史北海元軒蔣春芳書

直指使者

丙辰進士

滙古菁華叙

余自束髮事舉子業每見枌榆社佑俾應制者沉浸時秇轉相標竊私心厭之迺取先人遺册並求諸槖藏名家肆意極覽分門撮要手抄成帙名曰學海叢珠盇土苴色

澤焉敢侈口有淂亦恃此謬博一第謂非稽古之益不可也第屑金片玉終闕大觀淺不自諒欲滲皇虞㠯逮宋元五經㠯至百家取其沉雄博大馴雅蒼陳可裨博士言者摠彙一集傳示後學俾免漶漫

之憾乃一涉仕津案牘中人筆研猶踈矧能耑精翰墨搜羅異代考唯是二十年來數歷兩都一有餘閒雖披覽未嘗停手志固斁焉未遂也歲在甲午播人敗穎川貴告急余以駕部郎暨同

部頊陽劉君仰承
綸音從少司馬
邢公後賫畫廒役玄吕冬莫至吕
春分議勦議勘紛紛靡遺蒞始事
之難也嗣
邢公丕宣

恩威播人震疊兵事日解嚴調叢之文稍稍停閣不復理公衙事簡復就三巴學士大夫徧求寶墨與頃陽君舊所輯攜行者倒篋而出朝莫參閱中選者千幾伯首越五匝月而成集上自五經下及諸子檢

尋殆徧、回睎前日叢珠、源源本本璀璨簡端、而初志喜成已、居無何播人稽首皈化、結局東還、涉歷三峽之嶮、弔覽名勝、修途未盡、新命兩閩、自濟南邑臬秩移置淮上鹺、又邑黃淮畚鍤甫興、承乏之廞、士當是時歸衾未燠寧問圖書章宗社有靈二瀆順軌萍踪羌有寧字回解晾行李則是集歸然如新不覺形諸歎曰羈旅相從依回萬里憪我睽思敳栽正慧益友也獸世路駛驅差淂裝殘莫蹤縉正毋猶

煕關典式遂出示同寅司理曹貞
予君洎山陽何君諸屬分閲之既
命潘生纂校什之求纖訛誤不致
魯魚豕亥足矣方不備不精是懼
敢萌木菑頑諸君合志請付剞劂
氏意甚懶於是取裁

制府諸公

按臺蔣公、二公詞林宗匠文章山

斗、遽勿厭棄踈漏嘉與後學傳爲

須其名曰滙古菁華夫古則古矣

以汗牛充棟之冊摘備於六七種

之間可謂滙乎、臣蠡測管窺之見

求當於倏天覩地之摹可謂菁華
乎、夫入琳琅之府者信手拈來蔑
非至物、或者藉此不隨角黍小兒
之喙未可知也、因移書同年頊陽
君、君曰、好竽鼓瑟聽有各尚、紉蘭
纕蕙閒有齊芳、夫既適妍之者又

寧卹嗤之者刻之便是集也珠玉
在前
兩臺叙諸首矣即菁華譒弗菁華
業已就正有道余昌容尸祝耶於
戲巒烟萬里寄萍踪於反側蠹魚
半篋悵鴻翮於倏阻觀之者鑒余

二人之心則斯集或免於嗌已

萬曆丙申歲仲秋上澣

賜進士第中憲大夫山東按察司副

使管直隸淮安府事任丘藍田張

國璽書

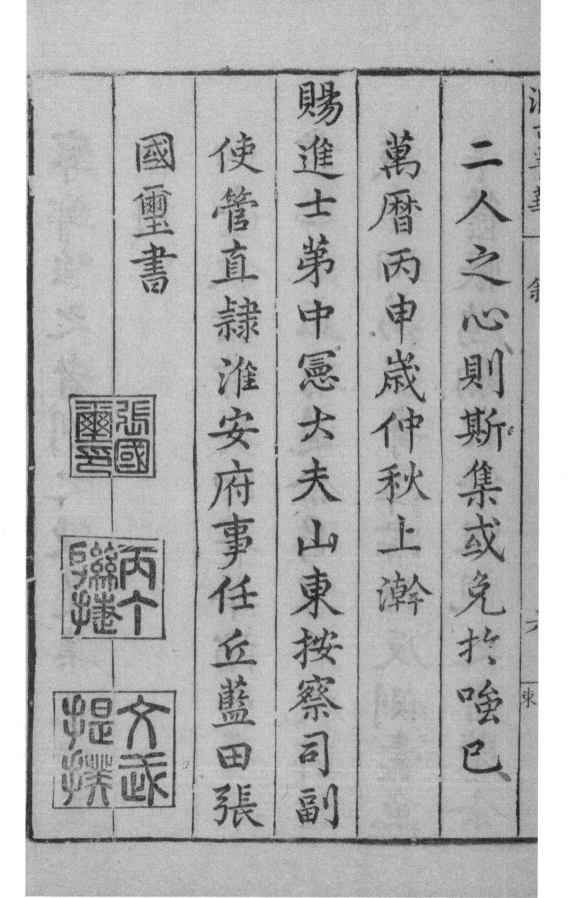

刻滙古菁華姓氏

彙選

虞丘藍田張國璽 丁丑進士

於陵頊陽劉一相 丁丑進士

校正

河東貞予曹于汴 壬辰進士

同校

西秦藍嵩周　璲　選貢

莆田聯泉鄭元輔　癸酉舉人

河南海崙何際可　壬辰進士

餘姚庶岳陳治本　壬辰進士

龍溪龍滙陳從彝　壬午舉人

萊陽澄瀾劉體乾 選貢

清豐矩菴杜從心 選貢

盩厔存吾劉一金 丙子舉人

東鄉陽岳何東鳳 己卯舉人

應城振軒熊大維 庚午舉人

澧州東辟吳顯科 壬午舉人

編釋

淮陰孟深潘　蔓　諸生

任丘近法于憲章　廩生

檢刻

福清震龍汲鳴雷　經歷

富順中菴余　道　訓導

滙古菁華凡例

一載籍極博選輯家奚啻充棟顧遺經而信史詳後而略前馳華而背雅撩觚摭古祇窺一斑是集經羅皇代肆覽詞林廣採遺珠滙成全璧若博收而及瓠重摘而遺瑜寡陋之誚所不敢避

一是集首載六經重本始也周禮姬公之蹟家語尼父之書故次之左國等書經學羽翼又次之其秦漢而下逮至唐宋各以年

代序次焉

一六經定自宣聖豈敢芟夷第耑經應制餘難免徧啟微加剪截冀便習學匪於義例敢有區別

一七雄之策揣摩臆中播弄情機固聖門所不道它如封建機權等論牽合附會又率以強詞奪亙理然詞章炳蔚姿態橫生千載而下令人神爽觀者取其文勿以其意可也

一離騷繼三百篇賦者古詩之流學士家博物閎覽不可盡廢別輯一二附之集後用竢兼収其阿房赤壁賦名而記體故不顯輯仍系本朝内云

一道德文始諸子之祖理若叛經言實絶世南華高步千古斤運匠心並列於後不敢偏廢也

一荀楊管墨諸子舊與柱下漆園同條共貫今猷淮道德文始南華餘叙列於各代者

以一二單篇不足以當一家言也

一是集帝纂皇摹聖作賢擬巍乎不可尚已閒有幽人曲士雄行摭說之章旁摻博採非敢混魚目於靈虵不以人廢言求不背於聖訓耳

一閨門之行無非無儀揆藻摛詞何取於婦人女子而征遼之諫還國之請炳然大義壯夫不及是故收而錄之以繼雞鳴竹竿之遺響

一是集耑為業舉故敦朴者先雕蟲者殿先秦兩漢去古未遠風氣渾厚稍加詳悉魏晉六朝縟詞排格選特加慎唐宋大家杰作固多而氣運乘時方駕古昔抑又略諸

滙古菁華総目

第三卷　詩經

小雅鹿鳴　常棣
天保　采薇
出車　南山有臺
蓼蕭　菁菁者莪
六月　采芑
車攻　鴻雁
鶴鳴　白駒
斯干　小宛
小弁　蓼莪

第四卷　禮記

大司樂　樂師
廩人　遺人
瘍醫　春官大宗伯
司常　大行人
小行人　甸師
夏官大司馬　司爟
掌節　大僕
挈壺氏　司弓
校人　秋官大司寇

第六卷　孔子家語

第七卷　左傳

季梁勸修政　曹劌謀敵齊 莊公
懿氏卜妻敬仲　厲公筮敬仲
管仲請救邢 閔公　齊侯伐楚 僖公
宮之奇諫假道　獻公筮嫁女於秦
陰飴甥復晉侯　臧孫辰諫焚巫尫
介之推不言祿　富辰諫用狄師
展喜犒齊師　穆公殉三良 文公
樂豫諫去羣公子　郤缺諷趙孟歸衛田
季文子逐莒僕　王孫滿對楚子 宣公

申叔時諫縣陳　　知罃不知所報 成公

劉康公料成肅公　　呂相絕秦

穆叔重拜鹿鳴 襄公　　師曠論衛出君

子罕論寶　　臧孫哭孟孫

子產告范宣子輕幣　　晏嬰不死君難

子產然明論政　　七子賦詩觀志

季札論樂　　子產壞晉館垣

子產不欲用尹何　　北宮佗論威儀

晏嬰諷諫繁刑 昭公　　女叔齊請從楚求

虞師晉師滅夏陽　穀梁　隱公不書即位

春秋穀梁傳序　春秋胡傳序

第八卷　國語

祭公謀父諫征犬戎　周召虎諫監謗

芮良夫知厲王敗　虢文公諫不藉田

襄王拒晉文請隧　定王饗士會殽蒸

單子知陳亡　劉康公料魯卿休咎

單子物色晉悼公　世子晉諫壅川

單旗諫鑄錢　單旗諫鑄鐘

蘇秦說齊閔王　魯仲連遺燕將書

莊辛謂楚頃襄王 楚　楚人以弓繳說王

豫讓為智伯報仇 趙　蘇秦合從說趙王

張儀連橫說趙王　武靈王議胡服

陳軫合三晉弱秦　左師觸讋說趙太后

虞卿與樓緩論割地　趙以諒毅賀秦

公子牟敎應侯　客說張相國

魏牟說為天下　或為齊獻書趙王

魯君酒味色論 魏　張儀連橫說魏

第十卷　周秦文

第十二卷 前漢文下

第十七卷　唐文

第十九卷　宋文下

第二十卷　辭

第二十一卷　賦　七

滙古菁華総目終

滙古菁華卷一

易經

乾彖

大哉乾元萬物資始乃統天雲行雨施品物流形大明終始六位時成時乘六龍以御天乾道變化各正性命保合大和乃利貞首出庶物萬國咸寧

乾文言

元者善之長也亨者嘉之會也利者義之和也貞者事之幹也君子體仁足以長人嘉會足以合禮

利物足以和義貞固足以幹事君子行此四德者
故曰乾元亨利貞
初九曰潛龍勿用何謂也子曰龍德而隱者也不
易乎世不成乎名遯世无悶不見是而无悶樂則
行之憂則違之確乎其不可拔潛龍也九二曰見
龍在田利見大人何謂也子曰龍德而正中者也
庸言之信庸行之謹閑邪存其誠善世而不伐德
博而化易曰見龍在田利見大人君德也九三曰
君子終日乾乾夕惕若厲无咎何謂也子曰君子

進德脩業忠信所以進德也脩辭立其誠所以居業也知至至之可與幾也知終終之可與存義也是故居上位而不驕在下位而不憂故乾乾因其時而惕雖危无咎矣九四曰或躍在淵无咎何謂也子曰上下无常非爲邪也進退无恒非離群也君子進德脩業欲及時也故无咎九五曰飛龍在天利見大人何謂也子曰同聲相應同氣相求水流濕火就燥雲從龍風從虎聖人作而萬物覩本乎天者親上本乎地者親下則各從其類也

夫大人者與天地合其德與日月合其明與四時合其序與鬼神合其吉凶先天而天弗違後天而奉天時天且弗違而况於人乎况於鬼神乎

坤彖

至哉坤元萬物資生乃順承天坤厚載物德合无疆含弘光大品物咸亨牝馬地類行地无疆柔順利貞君子攸行先迷失道後順得常西南得朋乃與類行東北喪朋乃終有慶安貞之吉應地无疆

坤文言

坤至柔而動也剛至靜而德方後得主而有常含萬物而化光坤道其順乎承天而時行

直其正也方其義也君子敬以直內義以方外敬義立而德不孤直方大不習无不利則不疑其所行也

君子黄中通理正位居體美在其中而暢於四支發於事業美之至也

謙彖

謙亨天道下濟而光明地道卑而上行天道虧盈

而益謙地道變盈而流謙鬼神害盈而福謙人道惡盈而好謙謙尊而光卑而不可踰君子之終也

恒彖

恒久也剛上而柔下雷風相與巽而動剛柔皆應恒恒亨无咎利貞久於其道也天地之道恒久而不已也利有攸往終則有始也日月得天而能久照四時變化而能久成聖人久於其道而天下化成觀其所恒而天地萬物之情可見矣

繫辭上傳

第一章

此以造化之實明作經之理又言乾坤之理分見于天地而人兼體之也

天尊地卑乾坤定矣卑高以陳貴賤位矣動靜有常剛柔斷矣方以類聚物以群分吉凶生矣在天成象在地成形變化見矣是故剛柔相摩八卦相盪鼓之以雷霆潤之以風雨日月運行一寒一暑乾道成男坤道成女乾知大始坤作成物乾以易知坤以簡能易則易知簡則易從易知則有親易從則有功有親則可久有功則可大可久則賢人之德可大則賢人之業易簡而天下之理得矣天

下之理得而成位乎其中矣

第四章此言易道之大聖人用之如此

易與天地準故能彌綸天地之道仰以觀於天文俯以察於地理是故知幽明之故原始反終故知死生之說精氣爲物游魂爲變是故知鬼神之情狀與天地相似故不違知周乎萬物而道濟天下故不過旁行而不流樂天知命故不憂安土敦乎仁故能愛範圍天地之化而不過曲成萬物而不遺通乎晝夜之道而知故神无方而易无體

第五章此言道之體用不外乎陰陽而其所以然者則未嘗倚於陰陽也

一陰一陽之謂道繼之者善也成之者性也仁者見之謂之仁知者見之謂之知百姓日用而不知故君子之道鮮矣顯諸仁藏諸用鼓萬物而不與聖人同憂盛德大業至矣哉富有之謂大業日新之謂盛德生生之謂易成象之謂乾效法之謂坤極數知來之謂占通變之謂事陰陽不測之謂神

第六章

夫易廣矣大矣以言乎遠則不禦以言乎邇則靜

而正以言乎天地之間則備矣夫乾其靜也專其動也直是以大生焉夫坤其靜也翕其動也闢是以廣生焉廣大配天地變通配四時陰陽之義配日月易簡之善配至德

第十章此言易之用有此四者

易有聖人之道四焉以言者尚其辭以動者尚其變以制器者尚其象以卜筮者尚其占是以君子將有爲也將有行也問焉而以言其受命也如響无有遠近幽深遂知來物非天下之至精其孰能

與於此參伍以變錯綜其數通其變遂成天地之文極其數遂定天下之象非天下之至變其孰能與於此易無思也無爲也寂然不動感而遂通天下之故非天下之至神其孰能與於此夫易聖人之所以極深而研幾也唯深也故能通天下之志唯幾也故能成天下之務唯神也故不疾而速不行而至子曰易有聖人之道四焉者此之謂也

第十一章 此專言卜筮

子曰夫易何爲者也夫易開物成務冒天下之道

如斯而已者也是故聖人以通天下之志以定天下之業以斷天下之疑是故蓍之德圓而神卦之德方以知六爻之義易以貢聖人以此洗心退藏於密吉凶與民同患神以知來知以藏往其孰能與於此哉古之聰明睿知神武而不殺者夫是以明於天之道而察於民之故是興神物以前民用聖人以此齋戒以神明其德夫是故闔戶謂之坤闢戶謂之乾一闔一闢謂之變往來不窮謂之通見乃謂之象形乃謂之器制而用之謂之法利用

出入民咸用之謂之神是故易有太極是生兩儀
兩儀生四象四象生八卦八卦定吉凶吉凶生大
業是故法象莫大乎天地變通莫大乎四時懸象
著明莫大乎日月崇高莫大乎富貴備物致用立
成器以爲天下利莫大乎聖人探賾索隱鉤深致
遠以定天下之吉凶成天下之亹亹者莫大乎蓍
龜是故天生神物聖人則之天地變化聖人效之
天垂象見吉凶聖人象之河出圖洛出書聖人則
之易有四象所以示也繫詞焉所以告也定之以

吉凶所以斷也

第十二章

子曰書不盡言言不盡意然則聖人之意其不可見乎子曰聖人立象以盡意設卦以盡情僞繫辭焉以盡其言變而通之以盡利鼓之舞之以盡神

乾坤其易之緼耶乾坤成列而易立乎其中矣乾坤毀則无以見易易不可見則乾坤或幾乎息矣

是故形而上者謂之道形而下者謂之器化而裁之謂之變推而行之謂之通舉而措之天下之民

謂之事業是故夫象聖人有以見天下之賾而擬諸其形容象其物宜是故謂之象聖人有以見天下之動而觀其會通以行其典禮繫辭焉以斷其吉凶是故謂之爻極天下之賾者存乎卦鼓天下之動者存乎辭化而裁之存乎變推而行之存乎通神而明之存乎其人默而成之不言而信存乎德行

繫辭下傳

第一章 此言卦爻吉凶造化功業

八卦成列象在其中矣因而重之爻在其中矣剛柔相推變在其中矣繫辭焉而命之動在其中矣吉凶悔吝者生乎動者也剛柔者立本者也變通者趣時者也吉凶者貞勝者也天地之道貞觀者也日月之道貞明者也天下之動貞夫一者也夫乾確然示人易矣夫坤隤然示人簡矣爻也者效此者也象也者像此者也爻象動乎內吉凶見乎外功業見乎變聖人之情見乎辭天地之大德曰生聖人之大寶曰位何以守位曰人何以聚人曰

財理財正辭禁民爲非曰義

第二章 此言聖人制器尚象之事

古者包犧氏之王天下也仰則觀象於天俯則觀法於地觀鳥獸之文與地之宜近取諸身遠取諸物於是始作八卦以通神明之德以類萬物之情作結繩而爲網罟以佃以漁盖取諸離包犧氏沒神農氏作斲木爲耜揉木爲耒耒耨之利以教天下盖取諸益日中爲市致天下之民聚天下之貨交易而退各得其所盖取諸噬嗑神農氏沒黄帝

堯舜氏作通其變使民不倦神而化之使民宜之易窮則變變則通通則久是以自天祐之吉无不利黃帝堯舜垂衣裳而天下治盖取諸乾坤刳木爲舟剡木爲楫舟楫之利以濟不通致遠以利天下盖取諸渙服牛乘馬引重致遠以利天下盖取諸隨重門擊柝以待暴客盖取諸豫斷木爲杵掘地爲臼臼杵之利萬民以濟盖取諸小過弦木爲弧剡木爲矢弧矢之利以威天下盖取諸睽上古穴居而野處後世聖人易之以宮室上棟下宇以

待風雨盖取諸大壯古之塟者厚衣之以薪塟之中野不封不樹喪期无數後世聖人易之以棺椁盖取諸大過上古結繩而治後世聖人易之以書契百官以治萬民以察盖取諸夬

第五章

易曰憧憧往來朋從爾思子曰天下何思何慮天下同歸而殊塗一致而百慮天下何思何慮日往則月來月往則日來日月相推而明生焉寒往則暑來暑往則寒來寒暑相推而歲成焉往者屈也

來者信也屈信相感而利生焉尺蠖之屈以求信
也龍蛇之蟄以存身也精義入神以致用也利用
安身以崇德也過此以往未之或知也窮神知化
德之盛也易曰困於石據於蒺藜入於其宮不見
其妻凶子曰非所困而困焉名必辱非所據而據
焉身必危旣辱且危死期将至妻其可得見邪易
曰公用射隼于高墉之上獲之无不利子曰隼者
禽也弓矢者器也射之者人也君子藏器於身待
時而動何不利之有動而不括是以出而有獲語

成器而動者也子曰小人不恥不仁不畏不義不見利不勸不威不懲小懲而大誡此小人之福也易曰屨校滅趾无咎此之謂也善不積不足以成名惡不積不足以滅身小人以小善爲无益而弗爲也以小惡爲无傷而弗去也故惡積而不可掩罪大而不可解易曰何校滅耳凶子曰危者安其位者也亡者保其存者也亂者有其治者也是故君子安而不忘危存而不忘亡治而不忘亂是以身安而國家可保也易曰其亡其亡係於包桑子

曰德薄而位尊知小而謀大力小而任重鮮不及矣易曰鼎折足覆公餗其形渥凶言不勝其任也子曰知幾其神乎君子上交不諂下交不瀆其知幾乎幾者動之微吉之先見者也君子見幾而作不俟終日易曰介于石不終日貞吉介如石焉寧用終日斷可識矣君子知微知彰知柔知剛萬夫之望子曰顏氏之子其殆庶幾乎有不善未嘗不知知之未嘗復行也易曰不遠復无祇悔元吉天地絪縕萬物化醇男女構精萬物化生易曰三人

行則損一人一人行則得其友言致一也子曰君子安其身而後動易其心而後語定其交而後求君子脩此三者故全也危以動則民不與也懼以語則民不應也无交而求則民不與也莫之與則傷之者至矣易曰莫益之或擊之立心勿恒凶

第七章

易之興也其於中古乎作易者其有憂患乎是故履德之基也謙德之柄也復德之本也恒德之固也損德之脩也益德之裕也困德之辨也井德之

地也巽德之制也履和而至謙尊而光復小而辨

於物恒雜而不厭損先難而後易益長裕而不設

困窮而通井居其所而遷巽稱而隱履以和行謙

以制禮復以自知恒以一德損以遠害益以興利

困以寡怨井以辨義巽以行權

第十二章

夫乾天下之至健也德行恒易以知險夫坤天下

之至順也德行恒簡以知阻能說諸心能研諸慮

定天下之吉凶成天下之亹亹者是故變化云爲

吉事有祥象事知器占事知來天地設位聖人成能人謀鬼謀百姓與能八卦以象告爻彖以情言剛柔雜居而吉凶可見矣變動以利言吉凶以情遷是故愛惡相攻而吉凶生遠近相取而悔吝生情僞相感而利害生凡易之情近而不相得則凶或害之悔且吝將叛者其辭慙中心疑者其辭枝吉人之辭寡躁人之辭多誣善之人其辭游失其守者其辭屈

說卦傳

第一章

昔者聖人之作易也幽贊於神明而生蓍參天兩地而倚數觀變於陰陽而立卦發揮於剛柔而生爻和順於道德而理於義窮理盡性以至於命

第六章

神也者妙萬物而爲言者也動萬物者莫疾乎雷撓萬物者莫疾乎風燥萬物者莫熯乎火說萬物者莫說乎澤潤萬物者莫潤乎水終萬物始萬物者莫盛乎艮故水火相逮雷風不相悖山澤通氣

然後能變化既成萬物也

序卦傳上篇

有天地然後萬物生焉盈天地之間者唯萬物故受之以屯屯者盈也屯者物之始生也物生必蒙故受之以蒙蒙者蒙也物之穉也物穉不可不養也故受之以需需者飲食之道也飲食必有訟故受之以訟訟必有衆起故受之以師師者衆也衆必有所比故受之以比比者比也比必有所畜故受之以小畜物畜然後有禮故受之以履履而泰

然後安故受之以泰泰者通也物不可以終通故受之以否物不可以終否故受之以同人與人同者物必歸焉故受之以大有有大者不可以盈故受之以謙有大而能謙必豫故受之以豫豫必有隨故受之以隨以喜隨人者必有事故受之以蠱蠱者事也有事而後可大故受之以臨臨者大也物大然後可觀故受之以觀可觀而後有所合故受之以噬嗑嗑者合也物不可以苟合而已故受之以賁賁者飾也致飾然後亨則盡矣故受之以

剥剥者剥也物不可以終盡剥窮上反下故受之以復復則不妄矣故受之以无妄有无妄然後可畜故受之以大畜物畜然後可養故受之以頥頥者養也不養則不可動故受之以大過物不可以終過故受之以坎坎者陷也陷必有所麗故受之以離離者麗也

序卦傳下篇

有天地然後有萬物有萬物然後有男女有男女然後有夫婦有夫婦然後有父子有父子然後有

君臣有君臣然後有上下有上下然後禮義有所錯夫婦之道不可以不久也故受之以恒恒者久也物不可以久居其所故受之以遯遯者退也物不可以終遯故受之以大壯物不可以終壯故受之以晉晉者進也進必有所傷故受之以明夷夷者傷也傷於外者必反其家故受之以家人家道窮必乖故受之以睽睽者乖也乖必有難故受之以蹇蹇者難也物不可以終難故受之以解解者緩也緩必有所失故受之以損損而不已必益故

受之以益益而不已必決故受之以夬夬者決也決必有所遇故受之以姤姤者遇也物相遇而後聚故受之以萃萃者聚也聚而上者謂之升故受之以升升而不已必困故受之以困困乎上者必反下故受之以井井道不可不革故受之以革革物者莫若鼎故受之以鼎主器者莫若長子故受之以震震者動也物不可以終動止之故受之以艮艮者止也物不可以終止故受之以漸漸者進也進必有所歸故受之以歸妹得其所歸者必大

故受之以豐豐者大也窮大者必失其居故受之以旅旅而无所容故受之以巽巽者入也入而後說之故受之以兌兌者說也說而後散之故受之以渙渙者離也物不可以終離故受之以節節而信之故受之以中孚有其信者必行之故受之以小過有過物者必濟故受之以既濟物不可窮也故受之以未濟終焉

易序

易之爲書卦爻彖象之義備而天地萬物之情見

聖人之憂天下來世其至矣先天下而開其物後天下而成其務是故極其數以定天下之象著其象以定天下之吉凶六十四卦三百八十四爻皆所以順性命之理盡變化之道也散之在理則有萬殊統之在道則無二致所以易有太極是生兩儀太極者道也兩儀者陰陽也陰陽一道也太極無極也萬物之生負陰而抱陽莫不有太極莫不有兩儀絪緼交感變化不窮形一受其生神一發其智情僞出焉萬緒起焉易所以定吉凶而生大

業故易者陰陽之道也卦者陰陽之物也爻者陰陽之動也卦雖不同所同者奇偶爻雖不同所同者九六是以六十四卦爲其體三百八十四爻互爲其用遠在六合之外近在一身之中暫於瞬息微於動靜莫不有卦之象焉莫不有爻之義焉至哉易乎其道至大而無不包其用至神而無不存時固未始有一而卦未始有定象事固未始有窮而爻亦未始有定位以一時而索卦則拘於無變非易也以一事而明爻則窒而不通非易也知所

謂卦爻彖象之義而不知有卦爻彖象之用亦非易也故得之於精神之運心術之動與天地合其德與日月合其明與四時合其序與鬼神合其吉凶然後可以謂之知易也雖然易之有卦易之已形者也卦之有爻卦之已見者也已形已見者可以言知未形未見者不可以名求則所謂易者果何如哉此學者所當知也

滙古菁華卷一終

匯古菁華 二

書經

堯典此篇以簡冊載堯之事故名曰堯典後世以其所載之事可爲常法故又訓爲常也

曰若稽古帝堯曰放勳欽明文思安安允恭克讓光被四表格于上下克明俊德以親九族九族既睦平章百姓百姓昭明協和萬邦黎民於變時雍乃命羲和欽若昊天曆象日月星辰敬授人時分命羲仲宅嵎夷曰暘谷寅賓出日平秩東作日中

星鳥以殷仲春厥民析鳥獸孳尾申命羲叔宅南交平秩南訛敬致日永星火以正仲夏厥民因鳥獸希革分命和仲宅西曰昧谷寅餞納日平秩西成宵中星虛以殷仲秋厥民夷鳥獸毛毨音跣申命和叔宅朔方曰幽都平在朔易日短星昴以正仲冬厥民隩鳥獸氄音冗毛帝曰咨汝羲暨和期三百有六旬有六日以閏月定四時成歲允釐百工庶績咸熙帝曰疇咨若時登庸放齊曰胤子朱啓明帝曰吁嚚訟可乎帝曰疇咨若予采驩兜曰都共

工方鳩僝功帝曰吁靜言庸違象恭滔天帝曰咨四岳湯湯洪水方割蕩蕩懷山襄陵浩浩滔天下民其咨有能俾乂僉曰於鯀哉帝曰吁咈哉方命圮族岳曰异哉試可乃已帝曰往欽哉九載績用弗成帝曰咨四岳朕在位七十載汝能庸命巽朕位岳曰否德忝帝位曰明明揚側陋師錫帝曰有鰥在下曰虞舜帝曰俞予聞如何岳曰瞽子父頑母嚚象傲克諧以孝烝烝乂不格姦帝曰我其試哉女于時觀厥刑于二女釐降二女于嬀汭嬪于

虞帝曰欽哉

舜典

曰若稽古帝舜曰重華協于帝濬哲文明温恭允塞玄德升聞乃命以位慎徽五典五典克從納于百揆百揆時敘賔于四門四門穆穆納于大麓烈風雷雨弗迷帝曰格汝舜詢事考言乃言底可績三載汝陟帝位舜讓于德弗嗣正月上日受終于文祖在璿（音旋）璣玉衡以齊七政肆類于上帝禋于六宗望于山川徧于群神輯五瑞旣月乃日覲四

岳群牧班瑞于群后歲二月東巡守至于岱宗柴望秩于山川肆覲東后協時月正日同律度量衡脩五禮五玉三帛二生一死贄如五器卒乃復五月南巡守至于南岳如岱禮八月西巡守至于西岳如初十有一月朔巡守至于北岳如西禮歸格于藝祖用特五載一巡守群后四朝敷奏以言明試以功車服以庸肇十有二州封十有二山濬川象以典刑流宥五刑鞭作官刑扑作教刑金作贖刑眚災肆赦怙終賊刑欽哉欽哉惟刑之恤哉流

共工于幽州放驩兜于崇山竄三苗于三危殛鯀于羽山四罪而天下咸服二十有八載帝乃殂落百姓如喪考妣三載四海遏密八音月正元日舜格于文祖詢于四岳闢四門明四目達四聰咨十有二牧曰食哉惟時柔遠能邇惇德允元而難任人蠻夷率服舜曰咨四岳有能奮庸熙帝之載使宅百揆亮采惠疇僉曰伯禹作司空帝曰俞咨禹汝平水土惟時懋哉禹拜稽首讓于稷契暨皋陶帝曰俞汝往哉帝曰棄黎民阻饑汝后稷播時百

穀帝曰契百姓不親五品不遜汝作司徒敬敷五
教在寛帝曰皐陶蠻夷猾夏寇賊姦宄汝作士五
刑有服五服三就五流有宅五宅三居惟明克允
帝曰疇若予工僉曰垂哉帝曰俞咨垂汝共工垂
拜稽首讓于殳(音殊)斨(音槍)暨伯與帝曰俞往哉汝諧
帝曰疇若予上下草木鳥獸僉曰益哉帝曰俞咨
益汝作朕虞益拜稽首讓于朱虎熊羆帝曰俞往
哉汝諧帝曰咨四岳有能典朕三禮僉曰伯夷帝
曰俞咨伯汝作秩宗夙夜惟寅直哉惟清伯拜稽

首讓于夔龍帝曰俞往欽哉帝曰夔命汝典樂教胄子直而溫寬而栗剛而無虐簡而無傲詩言志歌永言聲依永律和聲八音克諧無相奪倫神人以和夔曰於予擊石拊石百獸率舞帝曰龍朕堲讒說殄行震驚朕師命汝作納言夙夜出納朕命惟允帝曰咨汝二十有二人欽哉惟時亮天功三載考績三考黜陟幽明庶績咸熙分北三苗舜生三十徵庸三十在位五十載陟方乃死

（堲音即）

大禹謨

謨謀也虞史既述二典又敘其君臣之間嘉言善政以爲三篇所以備二

典之未備者

曰若稽古大禹曰文命敷于四海祗承于帝曰后克艱厥后臣克艱厥臣政乃乂黎民敏德帝曰俞允若茲嘉言罔攸伏野無遺賢萬邦咸寧稽于衆舍己從人不虐無告不廢困窮惟帝時克益曰都帝德廣運乃聖乃神乃武乃文皇天眷命奄有四海爲天下君禹曰惠迪吉從逆凶惟影響益曰吁戒哉儆戒無虞罔失法度罔遊于逸罔淫于樂任賢勿貳去邪勿疑疑謀勿成百志惟熙罔違道以

干百姓之譽罔咈百姓以從己之欲無怠無荒四
夷來王禹曰於帝念哉德惟善政政在養民水火
金木土穀惟脩正德利用厚生惟和九功惟敘九
敘惟歌戒之用休董之用威勸之以九歌俾勿壞
帝曰俞地平天成六府三事允治萬世永賴時乃
功帝曰格汝禹朕宅帝位三十有三載耄期倦于
勤汝惟不怠總朕師禹曰朕德罔克民不依臯陶
邁種德德乃降黎民懷之帝念哉念茲在茲釋茲
在茲名言茲在茲允出茲在茲惟帝念功帝曰臯

陶惟兹臣庶罔或干予正汝作士明于五刑以弼五教期于予治刑期于無刑民協于中時乃功懋哉皐陶曰帝德罔愆臨下以簡御衆以寛罰弗及嗣賞延于世宥過無大刑故無小罪疑惟輕功疑惟重與其殺不辜寧失不經好生之德洽于民心兹用不犯于有司帝曰俾予從欲以治四方風動惟乃之休帝曰來禹洚水儆予成允成功惟汝賢克勤于邦克儉于家不自滿假惟汝賢汝惟不矜天下莫與汝爭能汝惟不伐天下莫與汝爭功予

懋乃德嘉乃丕績天之曆數在汝躬汝終陟元后人心惟危道心惟微惟精惟一允執厥中無稽之言勿聽弗詢之謀勿庸可愛非君可畏非民衆非元后何戴后非衆罔與守邦欽哉愼乃有位敬脩其可願四海困窮天祿永終惟口出好興戎朕言不再禹曰枚卜功臣惟吉之從帝曰禹官占惟先蔽志昆命于元龜朕志先定詢謀僉同鬼神其依龜筮協從卜不習吉禹拜稽首固辭帝曰毋惟汝諧正月朔旦受命于神宗率百官若帝之初帝曰

咨禹惟時有苗弗率汝徂征禹乃會群后誓于師曰濟濟有衆咸聽朕命蠢兹有苗昏迷不恭侮慢自賢反道敗德君子在野小人在位民弃不保天降之咎肆予以爾衆士奉辭伐罪爾尚一乃心力其克有勳三旬苗民逆命益贊于禹曰惟德動天無遠弗届滿招損謙受益時乃天道帝初于歷山往于田日號泣于旻天于父母負罪引慝祇載見瞽瞍夔夔齊慄瞽亦允若至諴感神矧兹有苗禹拜昌言曰俞班師振旅帝乃誕敷文德舞干羽于

兩階七旬有苗格

皐陶謨

曰若稽古皐陶曰允迪厥德謨明弼諧禹曰俞如何皐陶曰都慎厥身脩思永惇敘九族庶明勵翼邇可遠在茲禹拜昌言曰俞皐陶曰都在知人在安民禹曰吁咸若時惟帝其難之知人則哲能官人安民則惠黎民懷之能哲而惠何憂乎驩兜何遷乎有苗何畏乎巧言令色孔壬皐陶曰都亦行有九德亦言其人有德乃言曰載采采禹曰何皐

陶曰寬而栗柔而立愿而恭亂而敬擾而毅直而溫簡而廉剛而塞彊而義彰厥有常吉哉日宣三德夙夜浚明有家日嚴祗敬六德亮采有邦翕受敷施九德咸事俊乂在官百僚師師百工惟時撫于五辰庶績其凝無教逸欲有邦兢兢業業一日二日萬幾無曠庶官天工人其代之天敘有典勅我五典五惇哉天秩有禮自我五禮有庸哉同寅協恭和衷哉天命有德五服五章哉天討有罪五刑五用哉政事懋哉懋哉天聰明自我民聰明天

明畏自我民明威達于上下敬哉有土臯陶曰朕言惠可底行禹曰俞乃言底可績臯陶曰予未有知思曰贊贊襄哉

益稷 以禹稱益稷二人佐其成功因以名篇

帝曰來禹汝亦昌言禹拜曰都帝予何言予思曰孜孜臯陶曰吁如何禹曰洪水滔天浩浩懷山襄陵下民昏墊予乘四載隨山刊木暨益奏庶鮮食予決九川距四海濬畎澮距川暨稷播奏庶艱食鮮食懋遷有無化居烝民乃粒萬邦作乂臯陶曰

俞師汝昌言禹曰都帝慎乃在位帝曰俞禹曰安汝止惟幾惟康其弼直惟動丕應徯志以昭受上帝天其申命用休帝曰吁臣哉鄰哉鄰哉臣哉禹曰俞帝曰臣作朕股肱耳目予欲左右有民汝翼予欲宣力四方汝爲予欲觀古人之象日月星辰山龍華蟲作會宗彝藻火粉米黼黻絺繡以五采彰施于五色作服汝明予欲聞六律五聲八音在治忽以出納五言汝聽予違汝弼汝無面從退有後言欽四鄰庶頑讒說若不在時候以明之撻以

記之書用識哉欲並生哉工以納言時而颺之格則承之庸之否則威之禹曰俞哉帝光天之下至於海隅蒼生萬邦黎獻共惟帝臣惟帝時舉敷納以言明庶以功車服以庸誰敢不讓敢不敬應帝不時敷同日奏罔功無若丹朱傲惟慢遊是好傲虐是作罔晝夜頟頟音額罔水行舟朋淫于家用殄厥世予創若時娶于塗山辛壬癸甲啓呱呱而泣予弗子惟荒度土功弼成五服至于五千州十有二師外薄四海咸建五長各迪有功苗頑弗即工

帝其念哉帝曰迪朕德時乃功惟敘皐陶方祗厥敘方施象刑惟明夔曰戛(音夾)擊鳴球(音求)搏拊琴瑟以詠祖考來格虞賓在位群后德讓下管鼗鼓合止柷敔笙鏞以閒鳥獸蹌蹌簫韶九成鳳凰來儀夔曰於予擊石拊石百獸率舞庶尹允諧帝庸作歌曰勑天之命惟時惟幾乃歌曰股肱喜哉元首起哉百工熙哉皐陶拜手稽首颺言曰念哉率作興事慎乃憲欽哉屢省乃成欽哉乃賡載歌曰元首明哉股肱良哉庶事康哉又歌曰元首叢脞哉

股肱惰哉萬事墮哉帝拜曰俞往欽哉

五子之歌（五子太康之弟也歌與帝舜作歌之歌同）

太康尸位以逸豫滅厥德黎民咸貳乃盤遊無度畋于有洛之表十旬弗反有窮后羿因民弗忍距于河厥弟五人御其母以從徯（音喜）于洛之汭五子咸怨述大禹之戒以作歌其一曰皇祖有訓民可近不可下民惟邦本本固邦寧予視天下愚夫愚婦一能勝予一人三失怨豈在明不見是圖予臨兆民凜乎若朽索之馭六馬爲人上者柰何不敬

其二曰訓有之內作色荒外作禽荒甘酒嗜音峻宇雕墻有一於此未或不亡其三曰惟彼陶唐有此冀方今失厥道亂其紀綱乃底滅亡其四曰明明我祖萬邦之君有典有則貽厥子孫關石和鈞王府則有荒墜厥緒覆宗絶祀其五曰嗚呼曷歸予懷之悲萬姓仇予予將疇依鬱陶乎予心顏厚有忸怩弗慎厥德雖悔可追

仲虺之誥 誥告也用之于會同以喻衆也此但告湯而亦謂之誥者亦必對衆而言非特釋湯之慙也

成湯放桀于南巢惟有慙德曰予恐來世以台爲口實仲虺乃作誥曰嗚呼惟天生民有欲無主乃亂惟天生聰明時乂有夏昏德民墜塗炭天乃錫王勇智表正萬邦纘禹舊服茲率厥典奉若天命夏王有罪矯誣上天以布命于下帝用不臧式商受命用爽厥師簡賢附勢寔繁有徒肇我邦于有夏若苗之有莠若粟之有秕小大戰戰罔不懼于非辜矧予之德言足聽聞惟王不邇聲色不殖貨利德懋懋官功懋懋賞用人惟已改過不吝克寬

克仁彰信兆民乃葛伯仇餉初征自葛東征西夷怨南征北狄怨曰奚獨後予攸徂之民室家相慶曰徯予后后來其蘇民之戴商厥惟舊哉佑賢輔德顯忠遂良兼弱攻昧取亂侮亡推亡固存邦乃其昌德日新萬邦惟懷志自滿九族乃離王懋昭大德建中于民以義制事以禮制心垂裕後昆予聞曰能自得師者王謂人莫己若者亡好問則裕自用則小嗚呼慎厥終惟其始殖有禮覆昏暴欽崇天道永保天命

伊訓　訓導也太甲嗣位伊尹作書訓導之

惟元祀十有二月乙丑伊尹祠于先王奉嗣王祗見厥祖侯甸群后咸在百官總已以聽冢宰伊尹乃明言烈祖之成德以訓于王曰嗚呼古有夏先后方懋厥德罔有天災山川鬼神亦莫不寧暨鳥獸魚鼈咸若于其子孫弗率皇天降災假手于我有命造攻自鳴條朕哉自亳惟我商王布昭聖武代虐以寬兆民允懷今王嗣厥德罔不在初立愛惟親立敬惟長始于家邦終于四海嗚呼先王肇

脩人紀從諫弗咈先民時若居上克明爲下克忠與人不求備檢身若不及以至于有萬邦茲惟艱哉敷求哲人俾輔于爾後嗣制官刑儆于有位曰敢有恒舞于宮酣歌于室時謂巫風敢有殉于貨色恒于遊畋時謂淫風敢有侮聖言逆忠直遠耆德比頑童時謂亂風惟茲三風十愆卿士有一于身家必喪邦君有一於身國必亡臣下不匡其刑墨具訓于蒙士嗚呼嗣王祇厥身念哉聖謨洋洋嘉言孔彰惟上帝不常作善降之百祥作不善降

之百殃爾惟德罔小萬邦惟慶爾惟不德罔大墜
厥宗

太甲上 三篇伊尹告戒太甲節次及太甲往復之辭亦訓體也

惟嗣王不惠于阿衡伊尹作書曰先王顧諟天之
明命以承上下神祇社稷宗廟罔不祗肅天監厥
德用集大命撫綏萬方惟尹躬克左右厥辟宅師
肆嗣王丕承基緒惟尹躬先見于西邑夏自周有
終相亦惟終其後嗣王罔克有終相亦罔終嗣王
戒哉祗爾厥辟辟不辟忝厥祖王惟庸罔念聞伊

尹乃言曰先王昧爽丕顯坐以待旦旁求俊彥啓迪後人無越厥命以自覆慎乃儉德惟懷永圖若虞機張往省括于度則釋欽厥止率乃祖攸行惟朕以懌萬世有辭王未克變伊尹曰茲乃不義習與性成予弗狎于弗順營于桐宮密邇先王其訓無俾世迷王徂桐宮居憂克終允德

太甲中

惟三祀十有二月朔伊尹以冕服奉嗣王歸于亳作書曰民非后罔克胥匡以生后非民罔以辟四

方皇天眷祐有商俾嗣王克終厥德實萬世無疆之休王拜手稽首曰予小子不明于德自底不類欲敗度縱敗禮以速戾于厥躬天作孽猶可違自作孽不可逭既往背師保之訓弗克于厥初尚賴匡救之德圖惟厥終伊尹拜手稽首曰脩厥身允德協于下惟明后先王子惠困窮民服厥命罔有不悅並其有邦厥鄰乃曰徯我后后來無罰王懋乃德視乃烈祖無時豫怠奉先思孝接下思恭視遠惟明聽德惟聰朕承王之休無斁

太甲下

伊尹申誥于王曰嗚呼惟天無親克敬惟親民罔常懷懷于有仁鬼神無常享享于克誠天位艱哉德惟治否德亂與治同道罔不興與亂同事罔不亡終始慎厥與惟明明后先王惟時懋敬厥德克配上帝今王嗣有令緒尚監茲哉若升高必自下若陟遐必自邇無輕民事惟難無安厥位惟危慎終于始有言逆于汝心必求諸道有言遜于汝志必求諸非道嗚呼弗慮胡獲弗爲胡成一人元良

萬邦以貞君罔以辯言亂舊政臣罔以寵利居成功邦其永孚于休

咸有一德伊尹致仕而去恐太甲德不純一任用非人故作此篇亦訓體也

伊尹既復政厥辟將告歸乃陳戒于德曰嗚呼天難諶命靡常常厥德保厥位厥德靡常九有以亡夏王弗克庸德慢神虐民皇天弗保監于萬方啓迪有命眷求一德俾作神主惟尹躬暨湯咸有一德克享天心受天明命以有九有之師爰革夏正非天私我有商惟天祐于一德非商求于下民惟

民歸于一德德惟一動罔不吉德二三動罔不凶惟吉凶不僭在人惟天降災祥在德今嗣王新服厥命惟新厥德終始惟一時乃日新任官惟賢才左右惟其人臣爲上爲德爲下爲民其難其慎惟和惟一德無常師主善爲師善無常主協于克一俾萬姓咸曰大哉王言又曰一哉王心克綏先王之祿永底烝民之生嗚呼七世之廟可以觀德萬夫之長可以觀政后非民罔使民非后罔事無自廣以狹人匹夫匹婦不獲自盡民主罔與成厥功

說命上 說命記高宗命傅說之言如後世命官制辭此篇記得說命相之詞

王宅憂亮陰三祀既免喪其惟弗言群臣咸諫于王曰嗚呼知之曰明哲明哲實作則天子惟君萬邦百官承式王言惟作命不言臣下罔攸稟令王庸作書以誥曰以台正于四方台恐德弗類茲故弗言恭默思道夢帝賚予良弼其代予言乃審厥象俾以形旁求于天下說築傅巖之野惟肖爰立作相王置諸其左右命之曰朝夕納誨以輔台德若金用汝作礪若濟巨川用汝作舟楫若歲大旱

用汝作霖雨啓乃心沃朕心若藥弗瞑眩厥疾弗瘳若跣弗視地厥足用傷惟暨乃僚罔不同心以匡乃辟俾率先王迪我高后以康兆民嗚呼欽予時命其惟有終說復于王曰惟木從繩則正后從諫則聖后克聖臣不命其承疇敢不祗若王之休命

說命中

此篇記說說爲相進戒之辭

惟說命總百官乃進于王曰嗚呼明王奉若天道建邦設都樹后王君公承以大夫師長不惟逸豫

惟以亂民惟天聰明惟聖時憲惟臣欽若惟民從
乂惟口起羞惟甲冑起戎惟衣裳在笥惟干戈省
厥躬王惟戒茲允茲克明乃罔不休惟治亂在庶
官官不及私昵惟其能爵罔及惡德惟其賢慮善
以動動惟厥時有其善喪厥善矜其能喪厥功惟
事事乃其有備有備無患無啓寵納侮無恥過作
非惟厥攸居政事惟醇黷于祭祀時謂弗欽禮煩
則亂事神則難王曰旨哉說乃言惟服乃不良于
言予罔聞于行說拜稽首曰非知之艱行之惟艱

王忱不艱允協于先王成德惟說不言有厥咎

說命下 此篇記說論學之辭

王曰來汝說台小子舊學于甘盤既乃遯于荒野入宅于河自河徂亳暨厥終罔顯爾惟訓于朕志若作酒醴爾惟麯糵若作和羹爾惟鹽梅爾交脩予罔予弃予惟克邁乃訓說曰王人求多聞時惟建事學于古訓乃有獲事不師古以克永世匪說攸聞惟學遜志務時敏厥脩乃來允懷于茲道積于厥躬惟斆學半念終始典于學厥德脩罔覺監

于先王成憲其永無愆惟說式克欽承旁招俊乂列于庶位王曰嗚呼說四海之內咸仰朕德時乃風股肱惟人良臣惟聖昔先正保衡作我先王乃曰予弗克俾厥后惟堯舜其心愧耻若撻于市一夫不獲則曰時予之辜佑我烈祖格于皇天爾尚明保予罔俾阿衡專美有商惟后非賢不乂惟賢非后不食其爾克紹乃辟于先王永綏民說拜稽首曰敢對揚天子之休命

洪範　史記武王克殷訪問箕子以天道箕子以洪範陳之

惟十有三祀王訪于箕子王乃言曰嗚呼箕子惟
天陰騭下民相協厥居我不知其彞倫攸敘箕子
乃言曰我聞在昔鯀陻洪水汩陳其五行帝乃震
怒不畀洪範九疇彞倫攸斁鯀則殛死禹乃嗣興
天乃錫禹洪範九疇彞倫攸敘初一曰五行次二
曰敬用五事次三曰農用八政次四曰協用五紀
次五曰建用皇極次六曰乂用三德次七曰明用
稽疑次八曰念用庶徵次九曰嚮用五福威用六
極一五行一曰水二曰火三曰木四曰金五曰土

水曰潤下火曰炎上木曰曲直金曰從革土爰稼穡潤下作鹹炎上作苦曲直作酸從革作辛稼穡作甘二五事一曰貌二曰言三曰視四曰聽五曰思貌曰恭言曰從視曰明聽曰聰思曰睿恭作肅從作乂明作哲聰作謀睿作聖三八政一曰食二曰貨三曰祀四曰司空五曰司徒六曰司寇七曰賓八曰師四五紀一曰歲二曰月三曰日四曰星辰五曰曆數五皇極皇建其有極斂時五福用敷錫厥庶民惟時厥庶民于汝極錫汝保極凡厥庶

民無有淫朋人無有比德惟皇作極凡厥庶民有猷有爲有守汝則念之不協于極不罹于咎皇則受之而康而色曰予攸好德汝則錫之福時人斯其惟皇之極無虐煢獨而畏高明人之有能有爲使羞其行而邦其昌凡厥正人既富方穀汝弗能使有好于而家時人斯其辜于其無好德汝雖錫之福其作汝用咎無偏無陂遵王之義無有作好遵王之道無有作惡遵王之路無偏無黨王道蕩蕩無黨無偏王道平平無反無側王道正直會其

有極歸其有極曰皇極之敷言是彝是訓于帝其
訓凡厥庶民極之敷言是訓是行以近天子之光
曰天子作民父母以爲天下王六三德一曰正直
二曰剛克三曰柔克平康正直彊弗友剛克爕友
柔克沉潛剛克高明柔克惟辟作福惟辟作威惟
辟玉食臣無有作福作威玉食臣之有作福作威
玉食其害于而家凶于而國人用側頗僻民用僭
忒七稽疑擇建立卜筮人乃命卜筮曰雨曰霽曰
蒙曰驛曰克曰貞曰悔凡七卜五占用二衍忒立

時人作卜筮三人占則從二人之言汝則有大疑謀及乃心謀及卿士謀及庶人謀及卜筮汝則從龜從筮從卿士從庶民從是之謂大同身其康彊子孫其逢吉汝則從龜從筮從卿士逆庶民逆吉卿士從龜從筮從汝則逆庶民逆吉庶民從龜從筮從汝則逆卿士逆吉汝則從龜從筮逆卿士逆庶民逆作內吉作外凶龜筮共違于人用靜吉用作凶八庶徵曰雨曰暘曰燠曰寒曰風曰時五者來備各以其敘庶草蕃廡一極備凶一極無凶曰

休徵曰肅時雨若曰乂時暘若曰哲時燠若曰謀
時寒若曰聖時風若曰咎徵曰狂恒雨若曰僭恒
暘若曰豫恒燠若曰急恒寒若曰蒙恒風若曰王
省惟歲卿士惟月師尹惟日歲月日時無易百穀
用成乂用明俊民用章家用平康日月歲時既易
百穀用不成乂用昬不明俊民用微家用不寧庶
民惟星星有好風星有好雨日月之行則有冬有
夏月之從星則以風雨九五福一曰壽二曰富三
曰康寧四曰攸好德五曰考終命六極一曰凶短

折二曰疾三曰憂四曰貧五曰惡六曰弱

旅獒 西旅貢獒召公以爲非所當受作書以戒武王亦訓體也　獒音敖

惟克商遂通道于九夷八蠻西旅底貢厥獒太保乃作旅獒用訓于王曰嗚呼明王愼德四夷咸賓無有遠邇畢獻方物惟服食器用王乃昭德之致于異姓之邦無替厥服分寶玉于伯叔之國時庸展親人不易物惟德其物德盛不狎侮狎侮君子罔以盡人心狎侮小人罔以盡其力不役耳目百度惟貞玩人喪德玩物喪志志以道寧言以道接

不作無益害有益功乃成不貴異物賤用物民乃足犬馬非其土性不畜珍禽奇獸不育于國不寶遠物則遠人格所寶惟賢則邇人安嗚呼夙夜罔或不勤不矜細行終累大德爲山九仞功虧一簣允迪茲生民保厥居惟乃世王

微子之命成王既殺武庚封微子于宋以奉湯祀

王若曰猷殷王元子惟稽古崇德象賢統承先王脩其禮物作賓于王家與國咸休永世無窮嗚呼乃祖成湯克齊聖廣淵皇天眷佑誕受厥命撫民

以寬除其邪虐功加于時德垂後裔爾惟踐脩厥猷舊有令聞恪慎克孝肅恭神人予嘉乃德曰篤不忘上帝時歆下民祗協庸建爾于上公尹茲東夏欽哉往敷乃訓慎乃服命率由典常以蕃王室弘乃烈祖律乃有民永綏厥位毗予一人世世享德萬邦作式俾我有周無斁嗚呼往哉惟休無替朕命

無逸 逸者人君之大戒成王初政周公懼其知逸而不知無逸也故作是書以訓之

周公曰嗚呼君子所其無逸先知稼穡之艱難乃

逸則知小人之依相小人厥父母勤勞稼穡厥子乃不知稼穡之艱難乃逸乃諺既誕否則侮厥父母曰昔之人無聞知周公曰嗚呼我聞曰昔在殷王中宗嚴恭寅畏天命自度治民祇懼不敢荒寧肆中宗之享國七十有五年其在高宗時舊勞于外爰曁小人作其卽位乃或亮陰三年不言其惟不言言乃雍不敢荒寧嘉靖殷邦至于小大無時或怨肆高宗之享國五十有九年其在祖甲不義惟王舊爲小人作其卽位爰知小人之依能保惠

于庶民不敢侮鰥寡肆祖甲之享國三十有三年自時厥後立王生則逸生則逸不知稼穡之艱難不聞小人之勞惟耽樂之從自時厥後亦罔或克壽或十年或七八年或五六年或四三年周公曰嗚呼厥亦惟我周太王王季克自抑畏文王卑服即康功田功徽柔懿恭懷保小民惠鮮鰥寡自朝至于日中昃不遑暇食用咸和萬民文王不敢盤于遊田以庶邦惟正之供文王受命惟中身厥享國五十年周公曰嗚呼繼自今嗣王則其無淫于

觀于逸于遊于田以萬民惟正之供無皇曰今日耽樂乃非民攸訓非天攸若時人丕則有愆無若殷王受之迷亂酗于酒德哉周公曰嗚呼我聞曰古之人猶胥訓告胥保惠胥教誨民無或胥譸音州張爲幻此厥不聽人乃訓之乃變亂先王之正刑至于小大民否則厥心違怨否則厥口詛祝周公曰嗚呼自殷王中宗及高宗及祖甲及我周文王茲四人迪哲厥或告之曰小人怨汝詈汝則皇自敬德厥愆曰朕之愆允若時不啻不敢含怒此厥

不聽人乃或譸張爲幻曰小人怨汝詈汝則信之則若時不永念厥辟不寬綽厥心亂罰無罪殺無辜怨有同是叢于厥身周公曰嗚呼嗣王其監于茲

周官 成王訓迪百官史錄其言以周官名之亦訓體也

惟周王撫萬邦巡侯甸四征弗庭綏厥兆民六服群辟罔不承德歸于宗周董正治官王曰若昔大猷制治于未亂保邦于未危曰唐虞稽古建官惟百內有百揆四岳外有州牧侯伯庶政惟和萬國

咸寧夏商官倍亦克用乂明王立政不惟其官惟
其人今予小子祗勤于德夙夜不逮仰惟前代時
若訓迪厥官立太師太傅太保茲惟三公論道經
邦燮理陰陽官不必備惟其人少師少傅少保曰
三孤貳公弘化寅亮天地弼予一人冢宰掌邦治
統百官均四海司徒掌邦教敷五典擾兆民宗伯
掌邦禮治神人和上下司馬掌邦政統六師平邦
國司寇掌邦禁詰姦慝刑暴亂司空掌邦土居四
民時地利六卿分職各率其屬以倡九牧阜成兆

民六年五服一朝又六年王乃時巡考制度于四
岳諸侯各朝于方岳大明黜陟王曰嗚呼凡我有
官君子欽乃攸司慎乃出令令出惟行弗惟反以
公滅私民其允懷學古入官議事以制政乃不迷
其爾典常作之師無以利口亂厥官蓄疑敗謀怠
忽荒政不學墻面莅事惟煩戒爾卿士功崇惟志
業廣惟勤惟克果斷乃罔後艱位不期驕祿不期
侈恭儉惟德無載爾僞作德心逸日休作僞心勞
日拙居寵思危罔不惟畏弗畏入畏推賢讓能庶

官乃和不和政厖舉能其官惟爾之能稱匪其人惟爾不任王曰嗚呼三事暨大夫敬爾有官亂爾有政以佑乃辟永康兆民萬邦惟無斁

君陳　君陳臣名成王命君陳代周公監殷此其策命之詞

王若曰君陳惟爾令德孝恭惟孝友于兄弟克施有政命汝尹茲東郊敬哉昔周公師保萬民民懷其德往慎乃司茲率厥常懋昭周公之訓惟民其乂我聞曰至治馨香感于神明黍稷非馨明德惟馨爾尚式時周公之猷訓惟日孜孜無敢逸豫凡

天下亦未肯止於删詩定書而已及既老而道不行然後始及於此所以斷自唐虞訖于周者蓋以前乎五帝爲三皇世尚洪荒非後世所可考後乎三王爲五伯習尚權譎又非聖人所忍爲故惟自唐訖周而百篇之書定自是誦習者簡要而不繁舉行者中正而無弊此夫子之意也若夫一書之中其於明德新民之綱脩齊治平之目即堯典以盡其要而危微精一四言所以開知行之端主善協一四言所以示博約之義務學則說命其入道

之門爲治則洪範其經世之要也他如齊天運則有羲和之曆定地理則有禹貢之篇正官僚則有周官之制度脩已任人則有無逸立政諸書煨燼壞爛之餘百篇僅存其半而宏綱實用尚如此故嘗謂六經莫古於書易雖始於伏羲然有卦未有辭辭始於文王爾六經莫備於書五經各主一事而作耳易主卜筮即洪範之稽疑也禮主節文即虞書之五禮也詩主詠歌即后夔之樂教也周禮設官即周官六卿率屬之事也春秋褒貶即皋陶

命德討罪之權也五經各主帝王政事之一端書
則備紀帝王政事之全體脩齊治平之規模事業
盡在此書學者其可不盡心焉

滙古菁華卷二終

滙古菁華卷三

詩經

國風

關雎 文王生有聖德又得聖女姒氏以爲之配宮人于其始至見其有幽閑貞靜之德故作此詩

關關雎鳩在河之洲窈窕淑女君子好逑參差荇菜左右流之窈窕淑女寤寐求之求之不得寤寐思服悠哉悠哉輾轉反側參差荇菜左右采之窈窕淑女琴瑟友之參差荇菜左右芼音冒之窈窕淑

女鐘鼓樂之

葛覃 后妃既成絺綌而賦此

葛之覃兮施音異于中谷維葉萋萋黃鳥于飛集于灌木其鳴喈喈葛之覃兮施于中谷維葉莫莫是刈是濩爲絺爲綌服之無斁言告師氏言告言歸薄污我私薄澣我衣害音曷澣害否歸寧父母

兎罝 化行俗美賢才衆多雖兎罝之野人其才可用如此故詩人因其所事以起興而美之

肅肅兎罝椓之丁丁赳赳武夫公侯干城肅肅兎

罝施于中逵赳赳武夫公侯好仇肅肅兎罝施于
中林赳赳武夫公侯腹心

羔羊 南國化文王之政在位皆節儉正直詩人美之如此

羔羊之皮素絲五紽音駝退食自公委蛇音移委蛇羔
羊之革素絲五緎音域委蛇委蛇自公退食羔羊之
縫素絲五總音宗委蛇委蛇退食自公

栢舟 婦人不得于夫故作此詩

汎彼栢舟亦汎其流耿耿不寐如有隱憂微我無
酒以敖以遊我心匪鑒不可以茹亦有兄弟不可

以據薄言往愬逢彼之怒我心匪石不可轉也我心匪席不可卷也威儀棣棣不可選也憂心悄悄慍于群小覯閔既多受侮不少靜言思之寤辟有摽（音殍）日居月諸胡迭而微心之憂矣如匪澣衣靜言思之不能奮飛

定之方中　衛爲狄所滅文公徙居楚丘營立宮室國人悅而作此詩以美之

定之方中作于楚宮揆之以日作于楚室樹之榛栗椅（音醫）桐梓漆爰伐琴瑟升彼虛矣以望楚矣望

楚與堂景山與京降觀于桑卜云其吉終焉允臧

靈雨既零命彼倌人星言夙駕說音稅于桑田匪直

也人秉心塞淵騋音來牝三千

淇奥 衛人美武公之德而作

瞻彼淇奥綠竹猗猗有匪君子如切如磋如琢如

磨瑟兮僩兮赫兮咺兮有匪君子終不可諼兮瞻

彼淇奥綠竹青青有匪君子充耳琇瑩會音怪弁如

星瑟兮僩兮赫兮咺兮有匪君子終不可諼兮瞻

彼淇奥綠竹如簀有匪君子如金如錫如圭如璧

寬兮綽兮猗音倚重平聲較音角兮善戲謔兮不爲虐兮

羔裘 此美其大夫之詞

羔裘如濡洵直且侯彼其之子舍命不渝羔裘豹飾孔武有力彼其之子邦之司直羔裘晏兮三英粲兮彼其之子邦之彥兮

女曰鷄鳴 此述賢夫婦相警戒之詞

女曰鷄鳴士曰昧旦子興視夜明星有爛將翺將翔弋鳧與鴈弋言加之與子宜之宜言飲酒與子偕老琴瑟在御莫不靜好知子之來之雜佩以贈

之知子之順之雜佩以問之知子之好之雜佩以報之

鷄鳴 齊之賢妃御于君所恐其視朝之晚至于將旦告君如此故詩人敘其事而美之

鷄既鳴矣朝既盈矣匪雞則鳴蒼蠅之聲東方明矣朝既昌矣匪東方則明月出之光蟲飛薨薨甘與子同夢會且歸矣無庶予子憎

伐檀 此美君子厲志而作

坎坎伐檀兮寘之河之干兮河水淸且漣漪不稼

不穡胡取禾三百廛兮不狩不獵胡瞻爾庭有縣音玄貆音暄兮彼君子兮不素餐兮坎坎伐輻兮寘之河之側兮河水淸且直猗不稼不穡胡取禾三百億兮不狩不獵胡瞻爾庭有縣特兮彼君子兮不素食兮坎坎伐輪兮寘之河之漘兮河水淸且淪猗不稼不穡胡取禾三百囷音宭兮不狩不獵胡瞻爾庭有縣鶉兮彼君子兮不素餐兮

蟋蟀 唐俗勤儉民間終歲勞苦其歲晚務閑乃敢相與燕飲爲樂而相戒也

蟋蟀在堂歲聿其莫今我不樂日月其除無已大

康職思其居好樂無荒良士瞿瞿蟋蟀在堂歲聿其逝今我不樂日月其邁無已大康職思其外好樂無荒良士蹶蹶蟋蟀在堂役車其休今我不樂日月其慆無已大康職思其憂好樂無荒良士休休

蒹葭 此詩懷人而作

蒹葭蒼蒼白露爲霜所謂伊人在水一方遡洄從之道阻且長遡游從之宛在水中央蒹葭淒淒白露未晞所謂伊人在水之湄遡洄從之道阻且躋

遡游從之宛在水中坻蒹葭采采白露未已所謂伊人在水之涘遡洄從之道阻且右遡游從之宛在水中沚

衡門此隱居自樂而無求者之詞

衡門之下可以棲遲泌之洋洋可以樂饑豈其食魚必河之魴豈其取妻必齊之姜豈其食魚必河之鯉豈其取妻必宋之子

鳲鳩此美君子用心均平專一而作

鳲鳩在桑其子七兮淑人君子其儀一兮其儀一

兮心如結兮鳲鳩在桑其子在梅淑人君子其帶伊絲其帶伊絲其弁伊騏鳲鳩在桑其子在棘淑人君子其儀不忒其儀不忒正是四國鳲鳩在桑其子在榛淑人君子正是國人正是國人胡不萬年

七月 周公以成王未知稼穡之艱難故陳公劉后稷風化之所由使瞽矇朝夕諷誦以教之

七月流火九月授衣一之日觱音必發二之日栗烈無衣無褐何以卒歲三之日于耜四之日舉趾同

我婦子饁（音葉）彼南畝田畯至喜七月流火九月授衣春日載陽有鳴倉庚女執懿筐遵彼微行爰求柔桑春日遲遲采蘩祁祁女心傷悲殆及公子同歸七月流火八月萑（音丸）葦蠶月條桑取彼斧斨（音搶）以伐遠揚猗彼女桑七月鳴鵙（音決）八月載績載玄載黃我朱孔陽爲公子裳四月秀葽（音腰）五月鳴蜩（音條）八月其穫十月隕蘀一之日于貉取彼狐狸爲公子裘二之日其同載纘武功言私其豵（音宗）獻豜（音堅）于公五月斯螽動股六月莎雞振羽七月在野

八月在宇九月在戶十月蟋蟀入我牀下穹窒熏
鼠塞向墐戶嗟我婦子曰爲改歲入此室處六月
食鬱及薁（音郁）七月亨（音烹）葵及菽八月剝棗十月穫
稻爲此春酒以介眉壽七月食瓜八月斷壺九月
叔苴采荼薪樗食（音嗣）我農夫九月築場圃十月納
禾稼黍稷重穋（音六）禾麻菽麥嗟我農夫我稼既同
上入執宮功晝爾于茅宵爾索綯亟其乘屋其始
播百穀二之日鑿冰沖沖三之日納于淩陰四之
日其蚤獻羔祭韭九月肅霜十月滌場朋酒斯饗

曰殺羔羊躋彼公堂稱彼兕觥萬壽無疆

鴟鴞 周公東征二年既得管叔武庚而誅之而成王猶未知其意也故託爲鳥之愛巢者乃作此詩以遺王

鴟鴞鴟鴞既取我子無毀我室恩斯勤斯鬻子之閔斯迨天之未陰雨徹彼桑土綢繆牖戶今女下民或敢侮予予手拮音吉据音居予所捋音沓荼予所蓄租予口卒瘏音徒曰予未有室家予羽譙譙予尾翛翛音消予室翹翹風雨所漂搖予維音嘵嘵音囂

東山 成王感風雷之變始悟而迎周公公東征既歸作此詩以勞歸士

我徂東山慆慆不歸我來自東零雨其濛我東曰
歸我心西悲制彼裳衣勿士行音杭枚蜎蜎者蠋烝
在桑野敦音堆彼獨宿亦在車下我徂東山慆慆不
歸我來自東零雨其濛果臝之實亦施音異于宇伊
威在室蠨音蕭蛸音屑在戶町音挺畽音曈鹿場熠燿宵行
不可畏也伊可懷也我徂東山慆慆不歸我來自
東零雨其濛鸛鳴于垤婦嘆于室洒掃穹窒我征
聿至有敦音堆瓜苦烝在栗薪自我不見于今三年
我徂東山慆慆不歸我來自東零雨其濛倉庚于

飛熠燿其羽之子于歸皇駁其馬親結其縭九十
其儀其新孔嘉其舊如之何

小雅

鹿鳴 此燕饗賓客之詩

呦呦音幽鹿鳴食野之苹我有嘉賓鼓瑟吹笙吹笙
鼓簧承筐是將人之好我示我周行呦呦鹿鳴食
野之蒿我有嘉賓德音孔昭視民不恌音眺君子是
則是傚我有旨酒嘉賓式燕以敖呦呦鹿鳴食野
之芩我有嘉賓鼓瑟鼓琴鼓瑟鼓琴和樂且湛我

有旨酒以燕樂嘉賓之心

棠棣 此燕兄弟之樂歌

棠棣之華鄂不韡韡音偉凡今之人莫如兄弟死喪之威兄弟孔懷原隰裒矣兄弟求矣脊令在原兄弟急難每有良朋況也永歎兄弟鬩音吸于牆外禦其務音侮每有良朋烝也無戎喪亂既平既安且寧雖有兄弟不如友生儐爾籩豆飲酒之飫兄弟既具和樂且孺妻子好合如鼓瑟琴兄弟既翕和樂且湛音躭宜爾室家樂爾妻帑音奴是究是圖亶其然

乎

天保此臣受君之燕賜者歌此詩以荅之

天保定爾亦孔之固俾爾單音丹厚何福不除俾爾多益以莫不庶天保定爾俾爾戩音剪穀罄無不宜受天百祿降爾遐福維日不足天保定爾以莫不興如山如阜如岡如陵如川之方至以莫不增吉蠲爲饎音熾是用孝享禴祠烝嘗于公先王君曰卜爾萬壽無疆神之弔音的矣詒爾多福民之質矣日用飲食群黎百姓徧爲爾德如月之恒如日之升

如南山之壽不騫不崩如松柏之茂無不爾或承

采薇

此遣戍役之詩

采薇采薇薇亦作止曰歸曰歸歲亦莫(音暮)止靡室靡家玁(音險)狁(音允)之故不遑啓居玁狁之故采薇采薇薇亦柔止曰歸曰歸心亦憂止憂心烈烈載饑載渴我戍未定靡使歸聘采薇采薇薇亦剛止曰歸曰歸歲亦陽止王事靡盬不遑啓處憂心孔疚我行不來彼爾維何維常之華彼路斯何君子之車戎車既駕四牡業業豈敢定居一月三捷駕彼

四牡四牡騤騤音葵君子所依小人所腓音肥四牡翼翼象弭魚服豈不日戒玁狁孔棘昔我往矣楊柳依依今我來思雨雪霏霏行道遲遲載渴載饑我心傷悲莫知我哀

出車 此勞還率之詩

我出我車于彼牧矣自天子所謂我來矣召彼僕夫謂之載矣王事多難維其棘矣我出我車于彼郊矣設此旐矣建彼旄矣彼旟旐斯胡不旆旆憂心悄悄僕夫況瘁王命南仲往城于方出車彭彭

旂旐央央天子命我城彼朔方赫赫南仲玁狁于

襄昔我往矣黍稷方華今我來思雨雪載塗王事

多難不遑啓居豈不懷歸畏此簡書喓喓音腰草蟲

趯趯音剔阜螽未見君子憂心忡忡既見君子我心

則降赫赫南仲薄伐西戎春日遲遲卉木萋萋倉

庚喈喈采蘩祁祁執訊獲醜薄言還音旋歸赫赫南

仲玁狁于夷

南山有臺此亦燕饗通用之樂歌

南山有臺北山有萊樂只君子邦家之基樂只君

子萬壽無期南山有桑北山有楊樂只君子邦家之光樂只君子萬壽無疆南山有杞北山有李樂只君子民之父母樂只君子德音不已南山有栲（音考）北山有杻（音紐）樂只君子遐不眉壽樂只君子德音是茂南山有枸北山有楰樂只君子遐不黃耇樂只君子保艾爾後

蓼蕭（諸侯朝于天子天子與之燕以示慈惠故歌此詩）

蓼彼蕭斯零露湑兮既見君子我心寫兮燕笑語兮是以有譽處兮蓼彼蕭斯零露瀼瀼（音穰）既見君

子爲龍爲光其德不爽壽考不忘蓼彼蕭斯零露泥泥音你既見君子孔燕豈弟宜兄宜弟令德壽豈音愷蓼彼蕭斯零露濃濃既見君子鞗音條革冲冲和鸞雝雝萬福攸同

菁菁者莪此亦燕饗賓客之詩

菁菁者莪在彼中阿既見君子樂且有儀菁菁者莪在彼中沚既見君子我心則喜菁菁者莪在彼中陵既見君子錫我百朋汎汎楊舟載沉載浮既見君子我心則休

六月宣王命尹吉甫帥師以伐玁狁有功而歸詩人作歌以叙其事

六月棲棲戎車既飭四牡騤騤載是常服玁狁孔熾我是用急王于出征以匡王國比物四驪閑之維則維此六月既成我服我服既成于三十里王于出征以佐天子四牡脩廣其大有顒薄伐玁狁以奏膚公有嚴有翼共音恭武之服共武之服以定王國玁狁匪茹整居焦穫侵鎬及方至于涇陽織音志文鳥章白旆央央元戎十乘以先啓行戎車既安如輕如軒四牡既佶音吉既佶且閑薄伐玁狁至

于大原文武吉甫萬邦爲憲吉甫燕喜既多受祉
來歸自鎬我行永久飲（去聲）御諸友炰（音庖）鼈膾鯉侯
誰在矣張仲孝友

采芑　王命方叔南征軍行采芑而食故賦其事

薄言采芑于彼新田于此菑（音緇）畝方叔涖止其車
三千師干之試方叔率止乘其四騏四騏翼翼路
車有奭（音肹）簟茀（音弗）魚服鉤膺鞗革薄言采芑于彼
新田于此中鄉方叔涖止其車三千旂旐央央方
叔率止約軝（音氏）錯衡八鸞瑲瑲服其命服朱芾斯

皇有瑲葱珩䮝（音聿）彼飛隼其飛戾天亦集爰止方叔涖止其車三千師干之試方叔率止鉦（音征）人伐鼓陳師鞠旅顯允方叔伐鼓淵淵振旅闐闐（音田）蠢爾蠻荆大邦爲讎方叔元老克壯其猷方叔率止執訊獲醜戎車嘽嘽（音灘）嘽嘽焞焞（音推）如霆如雷顯允方叔征伐玁狁蠻荆來威

車攻 宣王內修外攘復文武之境土復會諸侯于東都因田獵而選車徒故詩人作此以美之

我車既攻我馬既同四牡龐龐駕言徂東田車既

好四牡孔阜東有甫草駕言行狩之子于苗選徒囂囂建旐設旄搏獸于敖駕彼四牡四牡奕奕赤芾金舄會同有繹決拾既佽音次弓矢既調射夫既同助我舉柴音恣四黃既駕兩驂不猗不失其馳舍矢如破蕭蕭馬鳴悠悠旆旌徒御不驚大庖不盈之子于征有聞音問無聲允矣君子展也大成

鴻鴈 周室中衰萬民離散而宣王能勞來還定安集之故流民喜之而作

鴻鴈于飛肅肅其羽之子于征劬勞于野爰及矜人哀此鰥寡鴻鴈于飛集于中澤之子于垣音袁百

堵皆作雖則劬勞其究安宅鴻鴈于飛哀鳴嗸嗸（音敖）維此哲人謂我劬勞維彼愚人謂我宣驕

鶴鳴 此陳善納誨之詞

鶴鳴于九皋聲聞于野魚潛在淵或在于渚樂彼之園爰有樹檀其下維蘀（音托）他山之石可以爲錯（入聲）

鶴鳴于九皋聲聞于天魚在于渚或潛在淵樂彼之園爰有樹檀其下維穀他山之石可以攻玉

白駒 爲此詩者以賢者之去而不可留也

皎皎白駒食我場苗縶之維之以永今朝所謂伊

人於焉逍遙皎皎白駒食我場藿縶之維之以永
今夕所謂伊人於焉嘉客皎皎白駒賁然來思爾
公爾侯逸豫無期慎爾優游勉爾遁思皎皎白駒
在彼空谷生芻一束其人如玉毋金玉爾音而有
遐心

斯干 此築室既成而燕飲以樂之

秩秩斯干幽幽南山如竹苞矣如松茂矣兄及弟
矣式相好矣無相猶矣似續妣祖築室百堵西南
其戶爰居爰處爰笑爰語約之閣閣椓之橐橐風

雨攸除鳥鼠攸去君子攸芋如跂斯翼如矢斯棘
如鳥斯革如翬音揮斯飛君子攸躋殖殖其庭有覺
其楹噲噲其正噦噦音慧其冥君子攸寧下莞上簟
乃安斯寢乃寢乃興乃占我夢吉夢維何維熊維
羆維虺音毀維蛇大人占之維熊維羆男子之祥維
虺維蛇女子之祥乃生男子載寢之牀載衣之裳
載弄之璋其泣喤喤音橫朱芾斯皇室家君王乃生
女子載寢之地載衣之裼載弄之瓦無非無儀唯
酒食是議無父母詒罹

小宛 此大夫遭時之亂而兄弟相戒以免禍之詩

宛音苑彼鳴鳩翰飛戾天我心憂傷念昔先人明發不寐有懷二人人之齊聖飲酒温克彼昏不知壹醉日富各敬爾儀天命不又中原有菽庶民采之螟音冥蛉音零有子蜾音果蠃音倮負之教誨爾子式穀似之題音弟彼脊令音零載飛載鳴我日斯邁而月斯征夙興夜寐無忝爾所生交交桑扈率場啄粟哀我填音顛寡宜岸宜獄握粟出卜自何能穀温温恭人如集于木惴惴小心如臨于谷戰戰兢兢如履薄

冰

小弁　幽王太子宜臼被廢而作此詩

弁彼鸒(音豫)斯歸飛提提(音匙)民莫不穀我獨于罹何辜于天我罪伊何心之憂矣云如之何踧踧(音笛)周道鞫爲茂草我心憂傷惄(音溺)焉如擣假寐永嘆維憂用老心之憂矣疢如疾首維桑與梓必恭敬止靡瞻匪父靡依匪母不屬于毛不離于裏天之生我我辰安在菀(音鬱)彼柳斯鳴蜩(音條)嘒嘒有漼(音崔)者淵萑(音丸)葦淠淠(音譬)譬彼舟流不知所屆心之憂矣

不遑假寐鹿斯之奔維足伎伎音祁雉之朝雊音姤尚求其雌譬彼壞木疾用無枝心之憂矣寧莫之知相彼投兎尚或先之行有死人尚或墐之君子秉心維其忍之心之憂矣涕旣隕之君子信讒如或醻之君子不惠不舒究之伐木掎音巳矣析薪杝音侈矣舍彼有罪予之佗音嘆矣莫高匪山莫浚匪泉君子無易由言耳屬于垣無逝我梁無發我笱我躬不閱遑恤我後

蓼莪 孝子不得終養而作此詩

蓼蓼者莪匪莪伊蒿哀哀父母生我劬勞蓼蓼者莪匪莪伊蔚哀哀父母生我勞瘁缾之罄矣維罍之耻鮮民之生不如死之久矣無父何怙無母何恃出則銜恤入則靡至父兮生我母兮鞠我拊我畜我長我育我顧我復我出入腹我欲報之德昊天罔極南山烈烈飄風發發民莫不穀我獨何害音曷南山律律飄風弗弗民莫不穀我獨不卒

楚茨此詩述公卿有田祿者力于農事以奉宗廟之祭

楚楚者茨言抽其棘自昔何爲我蓺黍稷我黍與

與我稷翼翼我倉既盈我庾維億以爲酒食以饗
以祀以妥以侑以介景福濟濟蹌蹌潔爾牛羊以
往烝嘗或剝或亨音烹或肆或將祝祭于祊音崩祀事
孔明先祖是皇神保是饗孝孫有慶報以介福萬
壽無疆執爨踖踖音積爲俎孔碩或燔或炙君婦莫
莫爲豆孔庶爲賓爲客獻酬交錯禮儀卒度笑語
卒獲神保是格報以介福萬壽攸酢我孔熯音善矣
式禮莫愆工祝致告徂賚孝孫苾芬孝祀神嗜飲
食卜爾百福如幾如式既齊既稷既匡既敕永錫

爾極時萬時億禮儀既備鍾鼓既戒孝孫徂位工祝致告神具醉止皇尸載起鼓鍾送尸神保聿歸諸宰君婦廢徹不遲諸父兄弟備言燕私樂具入奏以綏後祿爾殽既將莫怨具慶既醉既飽小大稽首神嗜飲食使君壽考孔惠孔時維其盡之子子孫孫勿替引之

甫田　此詩述公卿有田祿者力于農事以奉方社田祖之祭

倬彼甫田歲取十千我取其陳食音嗣我農人自古有年今適南畝或耘或耔黍稷薿薿音蟻攸介攸止

黍我髦士以我齊音咨明與我犧羊以社以方我田既臧農夫之慶琴瑟擊鼓以御音迓田祖以祈甘雨以介我稷黍以穀我士女曾孫來止以其婦子饁音葉彼南畝田畯至喜攘其左右嘗其旨否禾易長畝終善且有曾孫不怒農夫克敏曾孫之稼如茨如梁曾孫之庾如坻音池如京乃求千斯倉乃求萬斯箱黍稷稻粱農夫之慶報以介福萬壽無疆

瞻彼洛矣此天子會諸侯于東都以講武事而諸侯美天子之詩

瞻彼洛矣維水泱泱君子至止福祿如茨韎音脉韐

音閣有奭音吸以作六師瞻彼洛矣維水泱泱君子至止鞞音丙琫音蚌有珌音必君子萬年保其家室瞻彼洛矣維水泱泱君子至止福禄既同君子萬年保其家邦

賓筵 此衛武公飲酒悔過而作此詩

賓之初筵左右秩秩籩豆有楚殽核維旅酒既和旨飲酒孔偕鍾鼓既設舉醻逸逸大侯既抗弓矢斯張射夫既同獻爾發功發彼有的以祈爾爵籥舞笙鼓樂既和奏烝衎音看烈祖以洽百禮百禮既

至有壬有林錫爾純嘏子孫其湛其湛曰樂音洛各奏爾能賓載手仇音狗室人入又酌彼康爵以奏爾時賓之初筵溫溫其恭其未醉止威儀反反曰既醉止威儀幡幡舍其坐遷屢舞僊僊其未醉止威儀抑抑曰既醉止威儀怭怭音弼是曰既醉不知其秩賓既醉止載號音豪載呶音鐃亂我籩豆屢舞僛僛音欺是曰既醉不知其郵側弁之俄屢舞傞傞音娑既醉而出並受其福醉而不出是謂伐德飲酒孔嘉維其令儀凡此飲酒或醉或否既立之監或佐之

史彼醉不臧不醉反耻式勿從謂無俾大（音泰）怠匪言勿言匪由勿語由醉之言俾出童羖（音古）三爵不識矧敢多又

采菽 此天子荅諸侯之詩

采菽采菽筐之筥（音舉）之君子來朝何錫予之雖無予之路車乘馬又何予之玄衮及黼觱（音必）沸檻泉言采其芹君子來朝言觀其旂其旂淠淠（音譬）鸞聲嘒嘒載驂載駟君子所屆赤芾在股邪幅在下彼交匪紓天子所予樂只君子天子命之樂只君子

福祿申之維柞之枝其葉蓬蓬樂只君子殿天子之邦樂只君子萬福攸同平平音便左右亦是率從汎汎楊舟紼纚音離維之樂只君子天子葵之樂只君子福祿膍音琵之優哉游哉亦是戾矣

大雅

文王

周公追述文王之德明周家所以受命而代商者由此以戒成王

文王在上於昭于天周雖舊邦其命維新有周不顯帝命不時文王陟降在帝左右亹亹文王令聞不已陳錫哉周侯文王孫子文王孫子本支百世

凡周之士不顯亦世世之不顯厥猶翼翼思皇多
士生此王國王國克生維周之禎濟濟多士文王
以寧穆穆文王於緝熙敬止假哉天命有商孫子
商之孫子其麗不億上帝既命侯于周服侯服于
周天命靡常殷士膚敏祼將于京厥作祼將常服
黼冔音許王之藎臣無念爾祖無念爾祖聿脩厥德
永言配命自求多福殷之未喪師克配上帝宜鑒
于殷駿命不易命之不易無遏爾躬宣昭義問有
虞殷自天上天之載無聲無臭儀刑文王萬邦作

孚

棫樸　此亦詠歌文王之德

芃芃音蓬棫樸薪之槱音酉之濟濟辟王左右趣之濟濟辟王左右奉璋奉璋峩峩髦士攸宜淠音譬彼涇舟烝徒楫之周王于邁六師及之倬彼雲漢爲章于天周王壽考遐不作人追琢其章金玉其相勉勉我王綱紀四方

思齊　此詩亦歌文王之德而推本言之

思齊音齋大任文王之母思媚周姜京室之婦大姒

嗣徽音則百斯男惠于宗公神罔時怨神罔時恫
刑于寡妻至于兄弟以御于家邦雝雝在宫肅肅
在廟不顯亦臨無射（音亦）亦保肆戎疾不殄烈假不
瑕不聞亦式不諫亦入肆成人有德小子有造古
之人無斁譽髦斯士

皇矣（此詩敘大王大伯王季之德以及文王伐密伐崇之詩）

皇矣上帝臨下有赫監觀四方求民之莫維此二
國其政不獲維彼四國爰究爰度上帝耆之憎其
式廓乃眷西顧此維與宅作之屏之其菑（音緇）其翳

脩之平之其灌其栵音例啓之辟之其檉其椐攘之
剔之其檿音厭其柘帝遷明德串音貫夷載路天立厥
配受命既固帝省其山柞棫斯拔音佩松柏斯兌帝
作邦作對自大伯王季維此王季因心則友則友
其兄則篤其慶載錫之光受祿無喪奄有四方維
此王季帝度其心貊其德音其德克明克明克類
克長克君王此大邦克順克比比于文王其德靡
悔既受帝祉施音異于孫子帝謂文王無然畔援無
然歆羨誕先登于岸密人不恭敢距大邦侵阮徂

共王赫斯怒爰整其旅以按音遏徂旅以篤周祜以對于天下依其在京侵自阮疆陟我高岡無矢我陵我陵我阿無飲我泉我泉我池度其鮮原居岐之陽在渭之將萬邦之方下民之王帝謂文王予懷明德不大聲以色不長夏以革不識不知順帝之則帝謂文王詢爾仇方同爾兄弟以爾鉤援與爾臨衝以伐崇墉臨衝閑閑崇墉言言執訊連連攸馘安安是類是禡音罵是致是附四方以無侮臨衝茀茀崇墉仡仡音屹是伐是肆是絕是忽四方以

無拂

下武 此詩美武王能纘大王王季文王之緒而有天下也

下武維周世有哲王三后在天王配于京世德作求永言配命成王之孚成王之孚下土之式永言孝思孝思維則媚茲一人應侯順德永言孝思昭哉嗣服昭茲來許繩其祖武於萬斯年受天之祜受天之祜四方來賀於萬斯年不遐有佐

旣醉 此父兄所以答行葦之詩

既醉以酒既飽以德君子萬年介爾景福既醉以酒爾殽既將君子萬年介爾昭明昭明有融高朗令終令終有俶音蓄公尸嘉告其告維何籩豆靜嘉朋友攸攝攝以威儀威儀孔時君子有孝子孝子不匱永錫爾類其類維何室家之壼君子萬年永錫祚胤其胤維何天被爾祿君子萬年景命有僕其僕維何釐爾女士釐爾女士從以孫子

假樂 此公尸所以荅鳧鷖也

假樂君子顯顯令德宜民宜人受祿于天保右命

之自天申之干禄百福子孫千億穆穆皇皇宜君宜王不愆不忘率由舊章威儀抑抑德音秩秩無怨無惡率由群匹受福無疆四方之綱之綱之紀燕及朋友百辟卿士媚于天子不解（音懈）于位民之攸塈（音戲）

卷阿（召康公從成王游歌于卷阿之上因王之歌而作此以爲戒）

有卷者阿飄風自南豈弟君子來游來歌以矢其音伴奐爾游矣優游爾休矣豈弟君子俾爾彌爾性似先公酋（音囚）矣爾土宇昄（音版）章亦孔之厚矣豈

弟君子俾爾彌爾性百神爾主矣爾受命長矣茀
祿爾康矣豈弟君子俾爾彌爾性純嘏爾常矣有
馮有翼有孝有德以引以翼豈弟君子四方爲則
顒顒卬卬如圭如璋令聞令望豈弟君子四方爲
綱鳳凰于飛翽翽（音諱）其羽亦集爰止藹藹王多吉
士維君子使媚于天子鳳凰于飛翽翽其羽亦傅
于天藹藹王多吉人維君子命媚于庶人鳳凰鳴
矣于彼高岡梧桐生矣于彼朝陽菶菶（音唪）萋萋雝
雝喈喈君子之車既庶且多君子之馬既閑且馳

矢詩不多維以遂歌

板此同列相戒之詞

上帝板板下民卒癉音亶出話不然爲猶不遠靡聖管管不實於亶猶之未遠是用大諫天之方難無然憲憲天之方蹶無然泄泄辭之輯矣民之洽矣辭之懌矣民之莫矣我雖異事及爾同僚我即爾謀聽我囂囂我言維服勿以爲笑先民有言詢于芻蕘天之方虐無然謔謔老夫灌灌小子蹻蹻匪我言耄爾用憂謔多將熇熇音靠不可救藥天之方

懠(音濟)無爲夸毗威儀卒迷善人載尸民之方殿屎(音儀)則莫我敢葵喪亂蔑資曾莫惠我師天之牖民如壎如篪如璋如圭如取如攜攜無曰益牖民孔易民之多辟無自立辟价人維藩大師維垣大邦維屏大宗維翰懷德維寧宗子維城無俾城壞無獨斯畏敬天之怒無敢戲豫敬天之渝無敢馳驅昊天曰明及爾出王昊天曰旦及爾游衍

抑(警)

衛武公作此詩使人日誦于其側以自

抑抑威儀維德之隅人亦有言靡哲不愚庶人之

愚亦職維疾哲人之愚亦維斯戾無競維人四方其訓之有覺德行四國順之訏謨定命遠猶辰告敬慎威儀維民之則其在于今興迷亂于政顛覆厥德荒湛于酒女雖湛樂從弗念厥紹罔敷求先王克共明刑肆皇天弗尚如彼流泉無淪胥以亡夙興夜寐洒埽廷内維民之章脩爾車馬弓矢戎兵用戒戎作用逷蠻方質爾人民謹爾侯度用戒不虞慎爾出話敬爾威儀無不柔嘉白圭之玷尚可磨也斯言之玷不可為也無易由言無曰苟矣

莫捫朕舌言不可逝矣無言不讎無德不報惠于
朋友庶民小子子孫繩繩萬民靡不承視爾友君
子輯柔爾顏不遐有愆相在爾室尚不愧于屋漏
無曰不顯莫予云覯神之格思不可度思矧可射
思辟爾為德俾臧俾嘉淑慎爾止不愆于儀不僭
不賊鮮不為則投我以桃報之以李彼童而角實
虹小子荏染柔木言緡之絲溫溫恭人維德之基
其維哲人告之話言順德之行其維愚人覆謂我
僭民各有心於乎小子未知臧否匪手攜之言示

之事匪面命之言提其耳借曰未知亦既抱子民之靡盈誰夙知而莫成昊天孔昭我生靡樂視爾夢夢我心慘慘誨爾諄諄聽我藐藐匪用爲教覆用爲謔借曰未知亦聿既耄於乎小子告爾舊止聽用我謀庶無大悔天方艱難曰喪厥國取譬不遠昊天不忒回遹其德俾民大棘

烝民 宣王命樊侯仲山甫築城于齊而尹吉甫作詩以送之

天生烝民有物有則民之秉彝好是懿德天監有周昭假于下保茲天子生仲山甫仲山甫之德柔

嘉維則令儀令色小心翼翼古訓是式威儀是力天子是若明命使賦王命仲山甫式是百辟纘戎祖考王躬是保出納王命王之喉舌賦政于外四方爰發肅肅王命仲山甫將之邦國若否仲山甫明之既明且哲以保其身夙夜匪解以事一人人亦有言柔則茹之剛則吐之維仲山甫柔亦不茹剛亦不吐不侮矜(音鰥)寡不畏彊禦人亦有言德輶如毛民鮮克舉之我儀圖之維仲山甫舉之愛莫助之袞職有闕維仲山甫補之仲山甫出祖四牡

業業征夫捷捷每懷靡及四牡彭彭八鸞鏘鏘王命仲山甫城彼東方四牡騤騤八鸞喈喈仲山甫徂齊式遄其歸吉甫作誦穆如清風仲山甫永懷以慰其心

江漢 宣王命召穆公平淮南之夷詩人美之

江漢浮浮武夫滔滔匪安匪遊淮夷來求既出我車既設我旟匪安匪舒淮夷來鋪江漢湯湯武夫洸洸經營四方告成于王四方既平王國庶定時靡有爭王心載寧江漢之滸王命召虎式辟四方

徹我疆土匪疚匪棘王國來極于疆于理至于南海王命召虎來旬來宣文武受命召公維翰無曰予小子召公是似肇敏戎公用錫爾祉釐爾圭瓚秬音巨鬯音暢一卣告于文人錫山川土田于周受命自召祖命虎拜稽首天子萬年虎拜稽首對揚王休作召公考天子萬壽明明天子令聞不已矢其文德洽此四國

常武宣王自將以伐淮北之夷詩人作此以美之

赫赫明明王命卿士南仲大祖大師皇父整我六

師以脩我戎既敬既戒惠此南國王謂尹氏命程伯休父左右陳行戒我師旅率彼淮浦省此徐土不留不處三事就緒赫赫業業有嚴天子王舒保作匪紹匪遊徐方繹騷震驚徐方如雷如霆徐方震驚王奮厥武如震如怒進厥虎臣闞(音檻)如虓(音哮)虎鋪敦淮濆仍執醜虜截彼淮浦王師之所王旅嘽嘽(音灘)如飛如翰如江如漢如山之苞如川之流緜緜翼翼不測不克濯征徐國王猶允塞徐方既來徐方既同天子之功四方既平徐方來庭徐方

不回王曰還歸

三頌

昊天有成命　此祀成王之詩

昊天有成命二后受之成王不敢康夙夜基命宥密於緝熙單厥心肆其靖之

時邁　此巡狩而朝會祭告之樂歌也

時邁其邦昊天其子之實右序有周薄言震之莫不震疊懷柔百神及河喬嶽允王維后明昭有周式序在位載戢干戈載櫜弓矢我求懿德肆于時

夏允王保之

思文　此祀后稷之詩

思文后稷克配彼天立我烝民莫匪爾極貽我來牟帝命率育無此疆爾界陳常于時夏

雝　此武王祭文王之詩

有來雝雝至止肅肅相維辟公天子穆穆於薦廣牡相予肆祀假哉皇考綏予孝子宣哲維人文武維后燕及皇天克昌厥後綏我眉壽介以繁祉既右烈考亦右文母

敬之 成王受群臣之戒而述其言

敬之敬之天維顯思命不易哉無曰高高在上陟降厥士日監在茲維予小子不聰敬止日就月將學有緝熙于光明佛音弼時仔音茲肩示我顯德行

泮水 此飲于泮宮而頌禱之詞

思樂泮水薄采其芹魯侯戾止言觀其旂其旂茷茷音旆鸞聲噦噦音嘒無小無大從公于邁思樂泮水薄采其藻魯侯戾止其馬蹻蹻其馬蹻蹻其音昭昭載色載笑匪怒伊教思樂泮水薄采其茆魯侯

戾止在泮飲酒既飲旨酒永錫難老順彼長道屈此群醜穆穆魯侯敬明其德敬慎威儀維民之則允文允武昭假烈祖靡有不孝自求伊祜明明魯侯克明其德既作泮宮淮夷攸服矯矯虎臣在泮獻馘(音虢)淑問如皋陶在泮獻囚濟濟多士克廣德心桓桓于征狄彼東南烝烝皇皇不吳(音話)不揚不告于訩在泮獻功角弓其觩束矢其搜戎車孔博徒御無斁既克淮夷孔淑不逆式固爾猶淮夷卒獲翩彼飛鴞集于泮林食我桑黮懷我好音憬彼

淮夷來獻其琛元龜象齒大賂南金

烈祖 此亦祀成湯之樂

嗟嗟烈祖有秩斯祜申錫無疆及爾斯所旣載清酤賚我思成亦有和羹旣戒旣平鬷音奏假無言時靡有爭綏我眉壽黃耇無疆約軧錯衡八鸞鶬鶬以假以享我受命溥將自天降康豐年穰穰來假來饗降福無疆顧予烝嘗湯孫之將

長發 此祫祭之詩

濬哲維商長發其祥洪水芒芒禹敷下土方外大

國是疆幅隕既長有娀方將帝立子生商玄王桓
撥受小國是達受大國是達率履不越遂視既發
相土烈烈海外有截帝命不違至於湯齊湯降不
遲聖敬日躋昭假遲遲上帝是祗帝命式于九圍
受小球大球爲下國綴旒何天之休不競不絿不
剛不柔敷政優優百禄是遒受小共大共爲下國
駿厖何天之龍敷奏其勇不震不動不戁〔音赧〕不竦
百禄是總武王載旆有虔秉鉞如火烈烈則莫我
敢曷苞有三蘖莫遂莫達九有有截韋顧既伐昆

吾夏桀昔在中葉有震且業允也天子降于卿士
實維阿衡實左右商王

殷武 此祀高宗之樂

撻彼殷武奮伐荆楚罙音揮入其阻裒荆之旅有截
其所湯孫之緒維女荆楚居國南鄉昔有成湯自
彼氐羌莫敢不來享莫敢不來王曰商是常天命
多辟設都于禹之績歲事來辟勿予禍適音謫稼穡
匪解音懈天命降監下民有嚴不僣不濫不敢怠遑
命于下國封建厥福商邑翼翼四方之極赫赫厥

聲濯濯厥靈壽考且寧以保我後生陟彼景山松栢丸丸是斷是遷方斵是虔松桷有梴（音延）旅楹有閑寢成孔安

詩傳序

或有問於予曰詩何爲而作也予應之曰人生而靜天之性也感於物而動性之欲也夫旣有欲矣則不能無思旣有思矣則不能無言旣有言矣則言之所不能盡而發於咨嗟咏嘆之餘者必有自然之音響節族而不能已焉此詩之所以作也曰

然則其所以教者何也曰詩者人心之感物而形於言之餘也心之所感有邪正故言之所形有是非惟聖人在上則其所感者無不正而其言皆足以爲教其或感之之雜而所發不能無可擇者則上之人必思所以自反而因有以勸懲之是亦所以爲教也昔周盛時上自郊廟朝廷而下達於鄉黨閭巷其言粹然無不出於正者聖人固已協之聲律而用之鄉人用之邦國以化天下至於列國之詩則天子巡守亦必陳而觀之以行黜陟之典

降自昭穆而後寖以陵夷至於東遷而遂廢不講矣孔子生於其時既不得位無以行勸懲黜陟之政於是特舉其籍而討論之去其重複正其紛亂而其善之不足以爲法惡之不足以爲戒者則亦刋而去之以從簡約示久遠使夫學者即是而有以考其得失善者師之而惡者改焉是以其政雖不足以行於一時而其教實被於萬世是則詩之所以爲教者然也曰然則國風雅頌之體其不同若是何也曰吾聞之凡詩之所謂風者多出於里

巷歌謡之作所謂男女相與詠歌各言其情者也唯周南召南親被文王之化以成德而人皆有以得其性情之正故其發於言者樂而不過於淫哀而不及於傷是以二篇獨爲風詩之正經自邶而下則其國之治亂不同人之賢否亦異其所感而發者有邪正是非之不齊而所謂先王之風者於此焉變矣若夫雅頌之篇則皆成周之世朝廷郊廟樂歌之詞其語和而莊其義寛而密其作者往往聖人之徒固所以爲萬世法程而不可易者也

至於雅之變者亦皆一時賢人君子閔時病俗之所爲而聖人取之其忠厚惻怛之心陳善閉邪之意尤非後世能言之士所能及之此詩之爲經所以人事浹於下天道備於上而無一理之不具也曰然則其學之也當奈何曰本之二南以求其端參之列國以盡其變正之於雅以大其規和之於頌以要其止此學詩之大旨也於是乎章句以綱之訓詁以紀之諷詠以昌之涵濡以體之察之情性隱微之間審之言行樞機之始則脩身及家平

均天下之道其亦不待他求而得之於此矣問者唯唯而退余時方輯詩傳因悉次是語以冠其篇云淳熙四年丁酉冬十月戊子新安朱熹書

大序

關雎后妃之德也風之始也所以風化天下而正夫婦也故用之鄉人焉用之邦國焉風風也教也風以動之教以化之詩者志之所之也在心爲志發言爲詩情動於中而形於言言之不足故嗟嘆之嗟嘆之不足故咏歌之咏歌之不足不知手之

舞之足之蹈之也情發於聲聲成文謂之音治世之音安以樂其政和亂世之音怨以怒其政乖亡國之音哀以思其民困故正得失動天地感鬼神莫近於詩先王以是經夫婦成孝敬厚人倫美教化移風俗故詩有六義焉一曰風二曰賦三曰比四曰興五曰雅六曰頌上以風化下下以風刺上主文而譎諫言之者無罪聞之者足以戒故曰風至于王道衰禮義廢政教失國異政家殊俗而變風變雅作矣國史明乎得失之迹傷人倫之廢哀

刑政之苛吟詠情性以風其上達於事變而懷其
舊俗者也故變風發乎情止乎禮義發乎情民之
性也止乎禮義先王之澤也是以一國之事繫一
人之本謂之風言天下之事形四方之風謂之雅
雅者正也言王政之所由廢興也政有小大故有
小雅焉大雅焉頌者美盛德之形容以其成功告
於神明者也是謂四始詩之至也然則關雎麟趾
之化王者之風故繫之周公南言化自北而南也
鵲巢騶虞之德諸侯之風也先王之所以教故繫

之召公周南召南正始之道王化之基是以關雎樂得淑女以配君子憂在進賢不淫其色哀窈窕思賢才而無傷善之心焉是關雎之義也

滙古菁華卷三終

滙古菁華 三

禮記

曲禮

經曰曲禮三千言節目之委曲其多如是也

曲禮曰毋不敬儼若思安定辭安民哉敖不可長欲不可從志不可滿樂不可極賢者狎而敬之畏而愛之愛而知其惡憎而知其善積而能散安安而能遷臨財毋苟得臨難毋苟免很毋求勝分毋求多疑事毋質直而勿有若夫坐如尸立如齊音齋禮從宜使從俗夫禮者所以定親疏決嫌疑別同

異明是非也禮不妄說人不辭費禮不踰節不侵
侮不好狎脩身踐言謂之善行行脩言道禮之質
也禮聞取於人不聞取人禮聞來學不聞往教道
德仁義非禮不成教訓正俗非禮不備分爭辨訟
非禮不決君臣上下父子兄弟非禮不定宦學事
師非禮不親班朝治軍涖官行法非禮威嚴不行
禱祠祭祀供給鬼神非禮不誠不莊是以君子恭
敬撙節退讓以明禮鸚鵡能言不離飛鳥猩猩能
言不離禽獸今人而無禮雖能言不亦禽獸之心

乎夫惟禽獸無禮故父子聚麀音幼是故聖人作爲禮以教人使人以有禮知自別於禽獸太上貴德其次務施報禮尚往來往而不來非禮也來而不往亦非禮也人有禮則安無禮則危故曰禮者不可不學也夫禮者自卑而尊人雖負販者必有尊也而況富貴乎富貴而知好禮則不驕不淫貧賤而知好禮則志不懾

檀弓上

事親有隱而無犯左右就養無方服勤至死致喪

三年事君有犯而無隱左右就養有方服勤至死
方喪三年事師無犯無隱左右就養無方服勤至
死心喪三年　晉獻公將殺其世子申生公子重
耳謂之曰子蓋言子之志於公乎世子曰不可君
安驪姬是我傷公之心也曰然則蓋行乎世子曰
不可君謂我欲弒君也天下豈有無父之國哉吾
何行如之使人辭於狐突曰申生有罪不念伯氏
之言也以至於死申生不敢愛其死雖然吾君老
矣子少國家多難伯氏不出而圖吾君伯氏苟出

而圖吾君申生受賜而死再拜稽首乃卒是以爲恭世子也

曾子寢疾病樂正子春坐於牀下曾元曾申坐於足童子隅坐而執燭童子曰華而睆音喚大夫之簀音責與子春曰止曾子聞之瞿然曰呼曰華而睆大夫之簀與曾子曰然斯季孫之賜也我未之能易也元起易簀曾元曰夫子之病革音亟矣不可以變幸而至於旦請敬易之曾子曰爾之愛我也不如彼君子之愛人也以德細人之愛人也以姑息吾何求哉吾得正而斃焉斯已矣舉扶

而易之反席未安而沒　子夏喪其子而喪其明曾子弔之曰吾聞之也朋友喪明則哭之曾子哭子夏亦哭曰天乎予之無罪也曾子怒曰商汝何無罪也吾與汝事夫子於洙泗之間退而老於西河之上使西河之民疑女於夫子爾罪一也喪爾親使民未有聞焉爾罪二也喪爾子喪爾明爾罪三也而曰女何無罪與子夏投其杖而拜曰吾過矣吾過矣吾離群而索居亦已久矣　孔子蚤作負手曳杖消搖於門歌曰泰山其頹乎梁木其壞

乎哲人其萎乎既歌而入當戶而坐子貢聞之曰泰山其頹則吾將安仰梁木其壞哲人其萎則吾將安放(音倣)夫子殆將病也遂趨而入夫子曰賜爾來何遲也夏后氏殯於東階之上則猶在阼也殷人殯於兩楹之間則於賓主夾之也周人殯於西階之上則猶賓之也而丘也殷人也予疇昔之夜夢坐奠於兩楹之間夫明王不興而天下其孰能宗予予殆將死也蓋寢疾七日而沒子路曰吾聞諸夫子喪禮與其哀不足而禮有餘也不若禮不

足而哀有餘也祭禮與其敬不足而禮有餘也不若禮不足而敬有餘也　君子曰謀人之軍師敗則死之謀人之邦邑危則亡之喪事欲其縱縱[音總]爾吉事欲其折折[音提]爾故喪事雖遽不陵節吉事雖止不怠故騷騷爾則野鼎鼎爾則小人君子蓋猶猶爾　有子問於曾子曰問喪於夫子乎曰聞之矣喪[去聲]欲速貧死欲速朽有子曰是非君子之言也曾子曰參也聞諸夫子也有子又曰是非君子之言也曾子曰參也與子游聞之有子曰然然

則夫子有為言之也曾子以斯言告於子游子游曰甚哉有子之言似夫子也昔者夫子居於宋見桓司馬自為石椁三年而不成夫子曰若是其靡也死不如速朽之愈也死之欲速朽為桓司馬言之也南宮敬叔反必載寶而朝夫子曰若是其貨也喪不如速貧之愈也喪之欲速貧為敬叔言之也曾子以子游之言告於有子有子曰然吾固曰非夫子之言也曾子曰子何以知之有子曰夫子制於中都四寸之棺五寸之椁以斯知不欲速朽

也昔者夫子失魯司寇將之荆蓋先之以子夏又申之以冉有以斯知不欲速貧也　子游問喪具夫子曰稱(去聲)家之有亡子游曰有無惡乎齊夫子曰有毋過禮苟亡矣斂首足形還葬縣棺而封人豈有非之者哉　成子高寢疾慶遺入請曰子之病革(音急)矣如至乎大病則如之何子高曰吾聞之也生有益於人死不害於人吾縱生無益於人吾可以死害於人乎哉我死則擇不食之地而葬我焉　國子高曰葬也者藏也藏也者欲人之弗得

見也是故衣足以飾身棺周於衣椁周於棺土周於椁反壤樹之哉

檀弓下

晉獻公之喪秦穆公使人吊公子重耳且曰寡人聞之亡國恒於斯得國恒於斯雖吾子儼然在憂服之中喪亦不可久也時亦不可失也孺子其圖之以告舅犯舅犯曰孺子其辭焉喪人無寶仁親以爲寶父死之謂何又因以爲利而天下其孰能說之孺子其辭焉公子重耳對客曰君惠弔亡臣

重耳身喪父死不得與於哭泣之哀以爲君憂父死之謂何或敢有他志以辱君義稽顙而不拜哭而起起而不私子顯以致命于穆公穆公曰仁夫公子重耳夫稽顙而不拜則未爲後也故不成拜哭而起則愛父也起而不私則遠利也　穆公問於子思曰爲舊君反服古與子思曰古之君子進人以禮退人以禮故有舊君反服之禮也今之君子進人若將加諸膝退人若將隊諸淵毋爲戎首不亦善乎又何反服之禮之有　文伯之喪敬姜

據其牀而不哭曰昔者吾有斯子也吾以將爲賢人也吾未嘗以就公室今及其死也朋友諸臣未有出涕者而內人皆行哭失聲斯子也必多曠於禮矣夫　吳侵陳斬祀殺厲師還出竟陳行人儀使於師夫差謂太宰嚭曰是夫也多言盍嘗問焉師必有名人之稱斯師也者則謂之何行人儀曰古之侵伐者不斬祀不殺厲不獲二毛今斯師也殺厲與其不謂之殺厲之師與太宰嚭曰反爾地歸爾子則謂之何曰君王討敝邑之罪又矜而赦

之師與有無名乎　知悼子卒未葬平公飲酒師曠李調侍鼓鍾杜蕢自外來聞鍾聲曰安在曰在寢杜蕢入寢歷階而升酌曰曠飲斯又酌曰調飲斯又酌堂上北面坐飲之降趨而出平公呼而進之曰蕢曩者爾心或開予是以不與爾言爾飲曠何也曰子卯不樂知悼子在堂斯其爲子卯也大矣曠也太師也不以詔是以飲之也爾飲調何也曰調也君之褻臣也爲一飲一食忘君之疾是以飲之也爾飲何也曰蕢也宰夫也非刀匕是共又

敢與知防是以飲之也平公曰寡人亦有過焉酌
而飲寡人杜蕢洗而揚觶公謂侍者如我死則必
勿廢斯爵也至於今既畢獻斯揚觶謂之杜舉
石駘仲卒無適子有庶子六人卜所以爲後者曰
沐浴佩玉則兆五人者皆沐浴佩玉石祈子曰孰
有執親之喪而沐浴佩玉者乎不沐浴佩玉石祈
子兆衛人以龜爲有知也　衛獻公出奔反於衛
及郊將班邑於從者而後入柳莊曰如皆守社稷
則孰執羈靮而從如皆從則孰守社稷君反其國

而有私也毋乃不可乎弗果班　魯人有周豐也者哀公執摯請見之而曰不可公曰我其已夫使人問焉曰有虞氏未施信於民而民信之夏后氏未施敬於民而民敬之何施而得斯於民也對曰墟墓之間未施哀於民而民哀社稷宗廟之中未施敬於民而民敬殷人作誓而民始畔周人作會而民始疑苟無禮義忠信誠慤之心以蒞之雖固結之民其不解乎　齊大饑黔敖為食於路以待餓者而食音嗣之有餓者蒙袂輯屨貿貿音茂然來黔

敖左奉上聲食右執飲曰嗟來食揚其目而視之曰予唯不食嗟來之食以至於斯也從而謝焉終不食而死曾子聞之曰微與其嗟也可去其謝也可食

晉獻文子成室晉大夫發焉張老曰美哉輪焉美哉奐焉歌於斯哭於斯聚國族於斯文子曰武也得歌於斯哭於斯聚國族於斯是全要上聲領以從先大夫於九京也北面再拜稽首君子謂之善頌善禱

趙文子與叔譽觀乎九原文子曰死者如可作也吾誰與歸叔譽曰其陽處父乎文子

曰行并植於晉國不沒其身其知不足稱也其舅
犯乎文子曰見利不顧其君其仁不足稱也我則
隨武子乎利其君不忘其身謀其身不遺其友晉
人謂文子知人文子其中退然如不勝衣其言吶
吶然如不出諸其口所舉於晉國管庫之士七十
有餘家生不交利死不屬其子焉　歲旱穆公召
縣子而問然曰天久不雨吾欲暴尫而奚若曰天
則不雨而暴人之疾子句虐句毋乃不可與然則
吾欲暴巫而奚若曰天則不雨而望之愚婦人於

以求之毋乃已蹶乎徙市則奚若曰天子崩巷市七日諸侯薨巷市三日爲之徙市不亦可乎

禮運

此篇記帝王禮樂之因革及陰陽造化流通之禮

昔者仲尼與於蜡賓事畢出遊於觀之上喟然而嘆仲尼之嘆蓋嘆魯也言偃在側曰君子何嘆孔子曰大道之行也與三代之英丘未之逮也而有志焉大道之行也天下爲公選賢與能講信脩睦故人不獨親其親不獨子其子使老有所終壯有所用幼有所長矜音鰥寡孤獨廢疾者皆有所養男

有分女有歸貨惡其棄於地也不必藏於巳力惡其不出於身也不必爲巳是故謀閉而不興盜竊亂賊而不作故外戸而不閉是謂大同今大道既隱天下爲家各親其親各子其子貨力爲巳大人世及以爲禮城郭溝池以爲固禮義以爲紀以正君臣以篤父子以睦兄弟以和夫婦以設制度以立田里以賢勇知以功爲巳故謀用是作而兵由此起禹湯文武成王周公由此其選也此六君子者未有不謹於禮者也以著其義以考其信著有

過刑仁講讓示民有常如有不由此者在埶（音勢）者去衆以爲殃是謂小康言偃復問曰如此乎禮之急也孔子曰夫禮先王以承天之道以治人之情故失之者死得之者生詩曰相鼠有體人而無禮人而無禮胡不遄死是故夫禮必本於天殽（音效）於地列於鬼神達於喪祭射御冠昏朝聘故聖人以禮示之故天下國家可得而正也言偃復問曰夫子之極言禮也可得而聞歟孔子曰我欲觀夏道是故之杞而不足徵也吾得夏時焉我欲觀殷道

是故之宋而不足徵也吾得坤乾焉坤乾之義夏時之等吾以是觀之夫禮之初始諸飲食其燔黍捭音百豚汙尊而抔音掊飲蕢桴而土鼓猶若可以致其敬於鬼神及其死也升屋而號告曰皐某復然後飯腥而苴孰故天望而地藏也體魄則降知氣在上故死者北首生者南鄉皆從其初昔者先王未有宮室冬則居營窟夏則居橧巢未有火化食草木之實鳥獸之肉飲其血茹其毛未有麻絲衣其羽皮後聖有作然後脩火之利范金合土以爲

臺榭宮室牖戶以炮以燔以亨（音烹）以炙以爲醴酪治其麻絲以爲布帛以養生送死以事鬼神上帝皆從其朔故玄酒在室醴醆在戶粢醍在堂澄酒在下陳其犧牲備其鼎俎列其琴瑟管磬鍾鼓脩其祝嘏以降上神與其先祖以正君臣以篤父子以睦兄弟以齊上下夫婦有所是謂承天之祜作其祝號玄酒以祭薦其血毛腥其俎孰其殽與其越（音活）席疏布以冪衣其澣帛醴醆以獻薦其燔炙君與夫人交獻以嘉魂魄是謂合莫然後退而合

亨體其犬豕牛羊實其簠簋籩豆鉶羹祝以孝告嘏以慈告是謂大祥此禮之大成也孔子曰嗚呼哀哉我觀周道幽厲傷之吾舍魯何適矣魯之郊禘非禮也周公其衰矣杞之郊也禹也宋之郊也契也是天子之事守也故天子祭天地諸侯祭社稷祝嘏莫敢易其常古是謂大假祝嘏辭說藏於宗祝巫史非禮也是謂幽國醆斝及尸君非禮也是謂僭君冕弁兵革藏於私家非禮也是謂脅君大夫具官祭器不假聲樂皆具非禮也是謂亂國

故仕於公曰臣仕於家曰僕三年之喪與新有昏者期不使以衰裳入朝與家僕雜居齊齒非禮也是謂君與臣同國故天子有田以處其子孫諸侯有國以處其子孫大夫有采以處其子孫是謂制度故天子適諸侯必舍其祖廟而不以禮籍入是謂天子壞法亂紀諸侯非問疾弔喪而入諸臣之家是謂君臣爲謔是故禮者君之大柄也所以別嫌明微儐鬼神考制度別仁義所以治政安君也故政不正則君位危君位危則大臣倍小臣竊刑

肅而俗敝則法無常法無常而禮無列禮無列則士不事也刑肅而俗敝則民弗歸也是謂疵國故政者君之所以藏身也是故夫政必本於天殽音效以降命命降于社之謂殽地降于祖廟之謂仁義降于山川之謂興作降于五祀之謂制度此聖人所以藏身之固也故聖人參於天地並於鬼神以治政也處其所存禮之序也玩其所樂民之治也故天生時而地生財人其父生而師教之四者君以正用之故君者立於無過之地也故君者所明

作則也非明人者也君者所養也非養人者也君者所事也非事人者也故君明人則有過養人則不足事人則失位故百姓則君以自治也養君以自安也事君以自顯也故禮達而分定故人皆愛其死而患其生故用人之知去其詐用人之勇去其怒用人之仁去其貪故國有患君死社稷謂之義大夫死宗廟謂之變故聖人耐音能以天下爲一家以中國爲一人者非意之也必知其情辟於其義明於其利達於其患然後能爲之何謂人情喜怒

哀懼愛惡欲七者弗學而能何謂人義父慈子孝兄良弟弟夫義婦聽長惠幼順君仁臣忠十者謂之人義講信脩睦謂之人利爭奪相殺謂之人患故聖人之所以治人七情脩十義講信脩睦尚慈讓去爭奪舍禮何以治之飲食男女人之大欲存焉死亡貧苦人之大惡存焉故欲惡者心之大端也人藏其心不可測度也美惡皆在其心不見其色也欲一以窮之舍禮何以哉故人者其天地之德陰陽之交鬼神之會五行之秀氣也故天秉陽

垂日星地秉陰竅於山川播五行於四時和而後月生也是以三五而盈三五而闕五行之動迭相竭也五行四時十二月還(音旋)相爲本也五聲六律十二管還(音旋)相爲宮也五味六和十二食還(音旋)相爲質也五色六章十二衣還(音旋)相爲質也故人者天地之心也五行之端也食味別聲被色而生者也故聖人作則必以天地爲本以陰陽爲端以四時爲柄以日星爲紀月以爲量鬼神以爲徒五行以爲質禮義以爲器人情以爲田四靈以爲畜以

天地爲本故物可舉也以陰陽爲端故情可睹也以四時爲柄故事可勸也以日星爲紀故事可列也月以爲量故功有藝也鬼神以爲徒故事可守也五行以爲質故事可復也禮義以爲器故事行有考也人情以爲田故人以爲奥也四靈以爲畜故飮食有由也何謂四靈麟鳳龜龍謂之四靈故龍以爲畜故魚鮪不淰音審鳳以爲畜故鳥不獝音旭麟以爲畜故獸不狘音穴龜以爲畜故人情不失故先王秉蓍龜列祭祀瘞繒宣祝嘏辭說設制度故

國有禮官有御事有職禮有序故先王患禮之不達於下也故祭帝於郊所以定天位也祀社於國所以列地利也祖廟所以本仁也山川所以儐鬼神也五祀所以本事也故宗祝在廟三公在朝三老在學王前巫而後史卜筮瞽侑皆在左右王中心無爲也以守至正故禮行於郊而百神受職焉禮行於社而百貨可極焉禮行於祖廟而孝慈服焉禮行於五祀而正法則焉故自郊社祖廟山川五祀義之脩而禮之藏也是故夫禮必本於大(音泰)

一分而爲天地轉而爲陰陽變而爲四時列而爲鬼神其降曰命其官於天也夫禮必本於天動而之地列而之事變而從時協於分藝其居人也曰養（音義）其行之以貨力辭讓飲食冠昏喪祭射御朝聘故禮義也者人之大端也所以講信脩睦而固人肌膚之會筋骸之束也所以養生送死事鬼神之大端也所以達天道順人情之大竇也故唯聖人爲知禮之不可以已也故壞國喪家亡人必先去其禮故禮之於人也猶酒之有糵也君子以厚

小人以薄故聖王脩義之柄禮之序以治人情故人情者聖王之田也脩禮以耕之陳義以種之講學以耨之本仁以聚之播樂以安之故禮也者義之實也協諸義而協則禮雖先王未之有可以義起也義者藝之分仁之節也協於藝講於仁得之者强仁者義之本也順之體也得之者尊故治國不以禮猶無耜而耕也爲禮不本於義猶耕而弗種也爲義而不講之以學猶種而弗耨也講之以學而不合之以仁猶耨而弗穫也合之以仁而不

安之以樂猶穫而弗食也安之以樂而不達於順猶食而弗肥也四體既正膚革充盈人之肥也父子篤兄弟睦夫婦和家之肥也大臣法小臣廉官職相序君臣相正國之肥也天子以德爲車以樂爲御諸侯以禮相與大夫以法相序士以信相考百姓以睦相守天下之肥也是謂大順大順者所以養生送死事鬼神之常也故事大積焉而不苑並行而不謬細行而不失深而通茂而有閒連而不相及也動而不相害也此順之至也故明於順

然後能守危也故禮之不同也不豐也不殺也所以持情而合危也故聖王所以順山者不使居川不使渚者居中原而弗敝也用水火金木飲食必時合男女頒爵位必當年德用民必順故無水旱昆蟲之災民無凶饑妖孽之疾故天不愛其道地不愛其寶人不愛其情故天降膏露地出醴泉山出器車河出馬圖鳳凰麒麟皆在郊棷音藪龜龍在宮沼其餘鳥獸之卵胎皆可俯而闚也則是無故先王能脩禮以達義體信以達順故此順之實也

學記

發慮憲求善良足以謏音小聞不足以動衆就賢體遠足以動衆未足以化民君子如欲化民成俗其必由學乎玉不琢不成器人不學不知道是故古之王者建國君民教學爲先兊音說命曰念終始典于學其此之謂乎雖有嘉肴弗食不知其旨也雖有至道弗學不知其善也是故學然後知不足教然後知困知不足然後能自反也知困然後能自強也故曰教學相長也兊音說命曰學音效學半其此

之謂乎古之教者家有塾黨有庠術（作州）有序國有
學比年入學中年考校一年視離經辨志三年視
敬業樂群五年視博習親師七年視論學取友謂
之小成九年知類通達強立而不反謂之大成夫
然後足以化民易俗近者說服而遠者懷之此大
學之道也記曰蛾子時術之其此之謂乎大學始
教皮弁祭菜示敬道也宵雅肄三官其始也入學
鼓篋孫其業也夏楚二物收其威也未卜禘不視
學游其志也時觀而弗語存其心也幼者聽而弗

問學不躐等也此七者教之大倫也記曰凡學官先事士先志其此之謂乎大學之教也時教必有正業退息必有居學不學操縵不能安弦不學博依不能安詩不學雜服不能安禮不興其藝不能樂(音要)學故君子之於學也藏焉脩焉息焉遊焉夫然故安其學而親其師樂其友而信其道是以雖離師輔而不反也兌命曰敬孫務時敏厥脩乃來其此之謂乎今之教者呻其佔畢多其訊言及于數進而不顧其安使人不由其誠教人不盡其材

其施之也悖其求之也佛夫然故隱其學而疾其師苦其難而不知其益也雖終其業其去之必速教之不刑其此之由乎大學之法禁於未發之謂豫當其可之謂時不陵節而施之謂孫相觀而善之謂摩此四者教之所由興也發然後禁則扞格而不勝音升時過然後學則勤苦而難成雜施而不孫則壞亂而不脩獨學而無友則孤陋而寡聞燕朋逆其師燕辟廢其學此六者教之所由廢也君子既知教之所由興又知教之所由廢然後可以

爲人師也故君子之敎喻也道而弗牽强而弗抑
開而弗達道而弗牽則和强而弗抑則易開而弗
達則思和易以思可謂善喻矣學者有四失教者
必知之人之學也或失則多或失則寡或失則易
或失則止此四者心之莫同也知其心然後能救
其失也教也者長善而救其失者也善歌者使人
繼其聲善教者使人繼其志其言也約而達微而
臧罕譬而喻可謂繼志矣君子知至學之難易而
知其美惡然後能博喻能博喻然後能爲師能爲

師然後能爲長能爲長然後能爲君故師也者所以學爲君也是故擇師不可不慎也記曰三王四代唯其師其此之謂乎凡學之道嚴師爲難師嚴然後道尊道尊然後民知敬學是故君之所不臣於其臣者二當其爲尸則弗臣也當其爲師則弗臣也大學之禮雖詔於天子無北面所以尊師也善學者師逸而功倍又從而庸之不善學者師勤而功半又從而怨之善問者如攻堅木先其易者後其節目及其久也相說以解不善問者反此善

待問者如撞鐘叩之以小者則小鳴叩之以大者則大鳴待其從容然後盡其聲不善荅問者反此此皆進學之道也記問之學不足以爲人師必也其聽語乎力不能問然後語之語之而不知雖舍之可也良冶之子必學爲裘良弓之子必學爲箕始駕馬者反之車在馬前君子察於此三者可以有志於學矣古之學者比物醜類鼓無當於五聲五聲弗得不和水無當於五色五色弗得不章學無當於五官五官弗得不治師無當於五服五服

弗得不親君子曰大德不官大道不器大信不約大時不齊察於此四者可以有志於本矣三王之祭川也皆先河而後海或源也或委也此之謂務本

樂記

凡音之起由人心生也人心之動物使之然也感於物而動故形於聲聲相應故生變變成方謂之音比音而樂之及干戚羽旄謂之樂樂者音之所由生也其本在人心之感於物也是故其哀心感

者其聲噍音焦以殺其樂心感者其聲嘽以緩其喜心感者其聲發以散其怒心感者其聲粗以厲其敬心感者其聲直以廉其愛心感者其聲和以柔六者非性也感於物而後動是故先王慎所以感之者故禮以道其志樂以和其聲政以一其行刑以防其姦禮樂刑政其極一也所以同民心而出治道也凡音者生人心者也情動於中故形於聲聲成文謂之音是故治世之音安以樂其政和亂世之音怨以怒其政乖亡國之音哀以思其民困

聲音之道與政通矣宮爲君商爲臣角爲民徵爲事羽爲物五者不亂則無怗懘音熾之音矣宮亂則荒其君驕商亂則陂其臣壞角亂則憂其民怨徵亂則哀其事勤羽亂則危其財匱五者皆亂迭相陵謂之慢如此則國之滅亡無日矣鄭衛之音亂世之音也比於慢矣桑間濮上之音亡國之音也其政散其民流誣上行私而不可止也凡音者生於人心者也樂者通倫理者也是故知聲而不知音者禽獸是也知音而不知樂者衆庶是也唯君

子爲能知樂是故審聲以知音審音以知樂審樂以知政而治道備矣是故不知聲者不可與言音不知音者不可與言樂知樂則幾於禮矣禮樂皆得謂之有德德者得也是故樂之隆非極音也食饗之禮非致味也清廟之瑟朱絃而疏越壹倡而三歎有遺音者矣大饗之禮尚玄酒而俎腥魚大羹不和有遺味者矣是故先王之制禮樂也非以極口腹耳目之欲也將以教民平好惡而反人道之正也人生而靜天之性也感於物而動性之欲

也物至知知然後好惡形焉好惡無節於內知誘於外不能反躬天理滅矣夫物之感人無窮而人之好惡無節則是物至而人化物也人化物也者滅天理而窮人欲者也於是有悖逆詐僞之心有淫泆作亂之事是故强者脅弱衆者暴寡知者詐愚勇者苦怯疾病不養老幼孤獨不得其所此大亂之道也是故先王之制禮樂人爲之節衰麻哭泣所以節喪紀也鍾鼓干戚所以和安樂也昏姻冠笄所以別男女也射鄉食饗所以正交接也禮

節民心樂和民聲政以行之刑以防之禮樂刑政四達而不悖則王道備矣樂者爲同禮者爲異同則相親異則相敬樂勝則流禮勝則離合情飾貌者禮樂之事也禮義立則貴賤等矣樂文同則上下和矣好惡著則賢不肖別矣刑禁暴爵舉賢則政均矣仁以愛之義以正之如此則民治行矣樂由中出禮自外作樂由中出故靜禮自外作故文大樂必易大禮必簡樂至則無怨禮至則不爭揖讓而治天下者禮樂之謂也暴民不作諸侯賓服

兵革不試五刑不用百姓無患天子不怒如此則
樂達矣合父子之親明長幼之序以敬四海之內
天子如此則禮行矣大樂與天地同和大禮與天
地同節和故百物不失節故祀天祭地明則有禮
樂幽則有鬼神如此則四海之內合敬同愛矣禮
者殊事合敬者也樂者異文合愛者也禮樂之情
同故明王以相沿也故事與時並名與功偕故鍾
鼓管磬羽籥干戚樂之器也屈伸俯仰綴兆舒疾
樂之文也簠簋俎豆制度文章禮之器也升降上

下周還禓襲禮之文也故知禮樂之情者能作識禮樂之文者能述作者之謂聖述者之謂明明聖者述作之謂也樂者天地之和也禮者天地之序也和故百物皆化序故群物皆別樂由天作禮以地制過制則亂過作則暴明於天地然後能興禮樂也論倫無患樂之情也欣喜歡愛樂之官也中正無邪禮之質也莊敬恭順禮之制也若夫禮樂之施於金石越於聲音用於宗廟社稷事乎山川鬼神則此所與民同也王者功成作樂治定制禮

其功大者其樂備其治辨者其禮具干戚之舞非備樂也孰亨而祀非達禮也五帝殊時不相沿樂三王異世不相襲禮樂極則憂禮粗則偏矣及夫敦樂而無憂禮備而不偏者其唯大聖乎天高地下萬物散殊而禮制行矣流而不息合同而化而樂興焉春作夏長仁也秋斂冬藏義也仁近於樂義近於禮樂者敦和率神而從天禮者別宜居鬼而從地故聖人作樂以應天制禮以配地禮樂明備天地官矣天尊地卑君臣定矣卑高以陳貴賤

位矣動靜有常小大殊矣方以類聚物以群分則性命不同矣在天成象在地成形如此則禮者天地之别也地氣上齊（音躋）天氣下降陰陽相摩天地相蕩鼓之以雷霆奮之以風雨動之以四時煖（音揎）之以日月而百化興焉如此則樂者天地之和也化不時則不生男女無辨則亂升天地之情也及夫禮樂之極乎天而蟠乎地行乎陰陽而通乎鬼神窮高極遠而測深厚樂著太始而禮居成物著不息者天也著不動者地也一動一靜者天地之

間也故聖人曰禮樂云昔者舜作五絃之琴以歌南風夔始制樂以賞諸侯故天子之為樂也以賞諸侯之有德者也德盛而教尊五穀時熟然後賞之以樂故其治民勞者其舞行（音杭）綴遠其治民逸者其舞行（音杭）綴短故觀其舞知其德聞其謚知其行也大章章之也咸池備矣韶繼也夏大也殷周之樂盡矣天地之道寒暑不時則疾風雨不節則饑教者民之寒暑也教不時則傷世事者民之風雨也事不節則無功然則先王之為樂也以法治

也善則行象德矣夫豢豕爲酒非以爲禍也而獄訟益繁則酒之流生禍也是故先王因爲酒禮一獻之禮賓主百拜終日飲酒而不得醉焉此先王之所以備酒禍也故酒食者所以合歡也樂者所以象德也禮者所以綴淫也是故先王有大事必有禮以哀之有大福必有禮以樂之哀樂之分皆以禮終樂也者聖人之所以樂也而可以善民心其感人深其移風易俗故先王著其教焉夫民有血氣心知之性而無哀樂喜怒之常應感起物而

動然後心術形焉是故志微噍殺之音作而民思
憂嘽諧慢易繁文簡節之音作而民康樂粗厲猛
起奮末廣賁之音作而民剛毅廉直勁正莊誠之
音作而民肅敬寬裕肉（音縟）好順成和動之音作而
民慈愛流辟邪散狄成滌濫之音作而民淫亂是
故先王本之情性稽之度數制之禮義合生氣之
和道五常之行使之陽而不散陰而不密剛氣不
怒柔氣不懾四暢交於中而發作於外皆安其位
而不相奪也然後立之學等廣其節奏省其文采

以繩德厚律小大之稱比終始之序以象事行使親疏貴賤長幼男女之理皆形見於樂故曰樂觀其深矣土敝則草木不長水煩則魚鱉不大氣衰則生物不遂世亂則禮慝而樂淫是故其聲哀而不莊樂而不安慢易以犯節流湎以忘本廣則容姦狹則思欲感條暢之氣滅平和之德是以君子賤之也凡姦聲感人而逆氣應之逆氣成象而淫樂興焉正聲感人而順氣應之順氣成象而和樂興焉倡和有應回邪曲直各歸其分而萬物之理

各以類相動也是故君子反情以和其志比類以成其行姦聲亂色不留聰明淫樂慝禮不接心術惰慢邪辟之氣不設於身體使耳目鼻口心知百體皆由順正以行其義然後發以聲音而文以琴瑟動以干戚飾以羽旄從以簫管奮至德之光動四氣之和以著萬物之理是故清明象天廣大象地終始象四時周還象風雨五色成文而不亂八風從律而不姦百度得數而有常小大相成終始相生倡和清濁迭相為經故樂行而倫清耳目聰

明血氣和平移風易俗天下皆寧故曰樂者樂也君子樂得其道小人樂得其欲以道制欲則樂而不亂以欲忘道則惑而不樂是故君子反情以和其志廣樂以成其教樂行而民鄉方可以觀德矣德者性之端也樂者德之華也金石絲竹樂之器也詩言其志也歌咏其聲也舞動其容也三者本於心然後樂器從之是故情深而文明氣盛而化神和順積中而英華發外惟樂不可以爲僞樂者心之動也聲者樂之象也文采節奏聲之飾也君

子動其本樂其象然後治其飾是故先鼓以警戒三步以見方再始以著往復亂以飾歸奮疾而不拔極幽而不隱獨樂其志不厭其道備舉其道不私其欲是故情見而義立樂終而德尊君子以好善小人以聽過故曰生民之道樂爲大焉樂也者施也禮也者報也樂樂其所自生禮反其所自始樂章德禮報情反始也所謂大輅者天子之車也龍旂九旒天子之旌也青黑緣者天子之寶龜也從之以牛羊之群則所以贈諸侯也樂也者情之

不可變者也禮也者理之不可易者也樂統同禮
辨異禮樂之說管乎人情矣窮本知變樂之情也
著誠去僞禮之經也禮樂偩(音負)天地之情達神明
之德降興上下之神而凝是精粗之體領父子君
臣之節是故大人舉禮樂則天地將爲昭焉天地
訢(音欣)合陰陽相得煦嫗(音傴)覆育萬物然後草木茂
區(音鉤)萌達羽翼奮角觡(音格)生蟄蟲昭蘇羽者嫗伏
毛者孕鬻胎生者不殰(音瀆)而卵生者不殈則樂之
道歸焉耳樂者非謂黃鍾大呂弦歌干揚也樂之

末節也故童者舞之鋪筵席陳尊俎列籩豆以升降爲禮者禮之末節也故有司掌之樂師辨乎聲詩故北面而弦宗祝辨乎宗廟之禮故後尸商祝辨乎喪禮故後主人是故德成而上藝成而下行成而先事成而後是故先王有上有下有先有後然後可以有制於天下也魏文侯問於子夏曰吾端冕而聽古樂則唯恐臥聽鄭衛之音則不知倦敢問古樂之如彼何也新樂之如此何也子夏對曰今夫古樂進旅退旅和正以廣弦匏笙簧會守

拊鼓始奏以文復亂以武治亂以相訊疾以雅君子於是語於是道古脩身及家平均天下此古樂之發也今夫新樂進俯退俯姦聲以濫溺而不止及優侏儒音儒獶音惱雜子女不知父子樂終不可以語不可以道古此新樂之發也今君之所問者樂也所好者音也夫樂者與音相近而不同文侯曰敢問何如子夏對曰夫古者天地順而四時當民有德而五穀昌疾疢不作而無妖祥此之謂大當然後聖人作爲父子君臣以爲紀綱紀綱既正天

下大定天下大定然後正六律和五聲弦歌詩頌此之謂德音德音之謂樂詩云莫其德音其德克明克明克類克長克君王此大邦克順克俾俾於文王其德靡悔既受帝祉施於孫子此之謂也今君之所好者其溺音乎文侯曰敢問溺音何從出也子夏對曰鄭音好濫淫志宋音燕女溺志衛音趨數（音促）煩志齊音敖辟喬志此四者皆淫於色而害於德是以祭祀弗用也詩云肅雝和鳴先祖是聽夫肅肅敬也雝雝和也夫敬以和何事不行為

人君者謹其所好惡而已矣君好之則臣爲之上行之則民從之詩云誘民孔易此之謂也然後聖人作爲鞉鼓椌音腔楬壎音宣篪音池此六者德音之音也然後鐘磬竽瑟以和之干戚旄狄以舞之此所以祭先王之廟也所以獻酬酳酢也所以官序貴賤各得其宜也所以示後世有尊卑長幼之序也鐘聲鏗鏗以立號號以立橫橫以立武君子聽鐘聲則思武臣石聲磬磬以立辨辨以致死君子聽磬聲則思死封疆之臣絲聲哀哀以立廉廉以立

志君子聽琴瑟之聲則思志義之臣竹聲濫濫以立會會以聚衆君子聽竽笙簫管之聲則思畜聚之臣鼓鼙之聲讙讙以立動動以進衆君子聽鼓鼙之聲則思將帥之臣君子之聽音非聽其鏗鏘而已也彼亦有所合之也賓牟賈侍坐於孔子孔子與之言及樂曰夫武之備戒之已久何也對曰病不得其衆也咏歎之淫液之何也對曰恐不逮事也發揚蹈厲之已蚤何也對曰及時事也武坐致右憲音軒左何也對曰非武坐也聲淫及商何也

對曰非武音也子曰若非武音則何音也對曰有司失其傳也若非有司失其傳則武王之志荒矣子曰唯丘之聞諸萇弘亦若吾子之言是也賓牟賈起免席而請曰夫武之備戒之已久則既聞命矣敢問遲之遲而又久何也子曰居吾語汝夫樂者象成者也總干而山立武王之事也發揚蹈厲太公之志也武亂皆坐周召之治也且夫武始而北出再成而滅商三成而南四成而南國是疆五成而分周公左召公右六成復綴以崇天子夾振

之而駟伐盛威於中國也分夾而進事蚤濟也久立於綴以待諸侯之至也且女獨未聞牧野之語乎武王克殷反（作及）商未及下車而封黃帝之後於薊（音計）封帝堯之後於祝封帝舜之後於陳下車而封夏后氏之後於杞投殷之後於宋封王子比干之墓釋箕子之囚使之行商容而復其位庶民弛政庶士倍祿濟河而西馬散之華山之陽而弗復乘牛散之桃林之野而弗復服車甲衅（音釁）而藏之府庫而弗復用倒載干戈包之以虎皮將帥之士

使爲諸侯名之曰建櫜音高然後天下知武王之不復用兵也散軍而郊射左射貍首右射騶虞而貫革之射息也裨冕搢笏而虎賁之士說音脫劍也祀乎明堂而民知孝朝覲然後諸侯知所以臣耕籍然後諸侯知所以敬五者天下之大教也食三老五更於大學天子袒而割牲執醬而饋執爵而酳冕而總干所以教諸侯之弟也若此則周道四達禮樂交通則夫武之遲久不亦宜乎君子曰禮樂不可斯須去身致樂以治心則易直子音慈諒音良之

心油然生矣易直子諒之心生則樂樂則安安則久久則天天則神天則不言而信神則不怒而威致樂以治心者也致禮以治躬則莊敬莊敬則嚴威心中斯須不和不樂而鄙詐之心入之矣外貌斯須不莊不敬而易慢之心入之矣故樂也者動於內者也禮也者動於外者也樂極和禮極順內和而外順則民瞻其顏色而弗與爭也望其容貌而民不生易慢焉故德煇動於內而民莫不承聽理發諸外而民莫不承順故曰致禮樂之道舉而

錯之天下無難矣樂也者動於内者也禮也者動於外者也故禮主其減樂主其盈禮減而進以進爲文樂盈而反以反爲文禮減而不進則銷樂盈而不反則放故禮有報而樂有反禮得其報則樂樂得其反則安禮之報樂之反其義一也夫樂者樂也人情之所不能免也樂必發於聲音形於動靜人之道也聲音動靜性術之變盡於此矣故人不耐無樂樂不耐無形形而不爲道不耐無亂先王恥其亂故制雅頌之聲以道之使其聲足樂而

不流使其文足論而不息使其曲直繁瘠廉肉音縟
節奏足以感動人之善心而已矣不使放心邪氣
得接焉是先王立樂之方也是故樂在宗廟之中
君臣上下同聽之則莫不和敬在族長鄉里之中
長幼同聽之則莫不和順在閨門之內父子兄弟
同聽之則莫不和親故樂者審一以定和比物以
飾節節奏合以成文所以合和父子君臣附親萬
民也是先王立樂之方也故聽其雅頌之聲志意
得廣焉執其干戚習其俯仰詘伸容貌得莊焉行

其綴兆要其節奏行列得正焉進退得齊焉故樂者天地之命中和之紀人情之所不能免也夫樂者先王之所以飾喜也軍旅鈇鉞者先王之所以飾怒也故先王之喜怒皆得其儕焉喜則天下和之怒則暴亂者畏之先王之道禮樂可謂盛矣子贛見師乙而問焉曰賜聞聲歌各有宜也如賜者宜何歌也師乙曰乙賤工也何足以問所宜請誦其所聞而吾子自執焉寬而靜柔而正者宜歌頌廣大而靜疏達而信者宜歌大雅恭儉而好禮者

宜歌小雅正直而靜廉而謙者宜歌風肆直而慈愛者宜歌商溫良而能斷者宜歌齊夫歌者直已而陳德也動已而天地應焉四時和焉星辰理焉萬物育焉故商者五帝之遺聲也商人識之故謂之商齊者三代之遺聲也齊人識之故謂之齊明乎商之音者臨事而屢斷明乎齊之音者見利而讓臨事而屢斷勇也見利而讓義也有勇有義非歌孰能保此故歌者上如抗下如隊音隧曲如折止如槀木倨中矩句中鉤纍纍乎端如貫珠故歌歌之

爲言也長言之也說之故言之言之不足故長言之長言之不足故嗟歎之嗟歎之不足故不知手之舞之足之蹈之也子貢問樂

經解

孔子曰入其國其教可知也其爲人也溫柔敦厚詩教也疏通知遠書教也廣博易良樂教也絜靜精微易教也恭儉莊敬禮教也屬辭比事春秋教也故詩之失愚書之失誣樂之失奢易之失賊禮之失煩春秋之失亂其爲人也溫柔敦厚而不愚

則深於詩者也疏通知遠而不誣則深於書者也廣博易良而不奢則深於樂者也潔靜精微而不賊則深於易者也恭儉莊敬而不煩則深於禮者也屬辭比事而不亂則深於春秋者也天子者與天地參故德配天地兼利萬物與日月並明明照四海而不遺微小其在朝廷則道仁聖禮義之序燕處則聽雅頌之音行步則有環佩之聲升車則有鸞和之音居處有禮進退有度百官得其宜萬事得其序詩云淑人君子其儀不忒其儀不忒正

是四國此之謂也發號出令而民說謂之和上下相親謂之仁民不求其所欲而得之謂之信除去天地之害謂之義義與信和與仁霸王之器也有治民之意而無其器則不成禮之於正國也猶衡之於輕重也繩墨之於曲直也規矩之於方圜也故衡誠縣（音玄）不可欺以輕重繩墨誠陳不可欺以曲直規矩誠設不可欺以方圓君子審禮不可誣以姦詐是故隆禮由禮謂之有方之士不隆禮不由禮謂之無方之民敬讓之道也故以奉宗廟則

敬以入朝廷則貴賤有位以處室家則父子親兄弟和以處鄉里則長幼有序孔子曰安上治民莫善於禮此之謂也故朝覲之禮所以明君臣之義也聘問之禮所以使諸侯相尊敬也喪祭之禮所以明臣子之恩也鄉飲酒之禮所以明長幼之序也昏姻之禮所以明男女之別也夫禮禁亂之所由生猶坊(音防)止水之所自來也故以舊坊爲無所用而壞之者必有水敗以舊禮爲無所用而去之者必有亂患故昏姻之禮廢則夫婦之道苦而淫

辟之罪多矣鄉飲酒之禮廢則長幼之序失而爭
鬭之獄繁矣喪祭之禮廢則臣子之恩薄而倍死
忘生者衆矣聘覲之禮廢則君臣之位失諸侯之
行惡而倍畔侵陵之敗起矣故禮之教化也微其
止邪也於未形使人日徙善遠罪而不自知也是
以先王隆之也易曰君子慎始差若毫氂繆以千
里此之謂也

緇衣

子言之曰爲上易事也爲下易知也則刑不煩矣

子曰好賢如緇衣惡惡如巷伯則爵不瀆而民作愿刑不試而民咸服大雅曰儀刑文王萬國作孚子曰夫民教之以德齊之以禮則民有格心教之以政齊之以刑則民有遯心故君民者子以愛之則民親之信以結之則民不倍恭以蒞之則民有孫心甫刑曰苗民匪用命制以刑惟作五虐之刑曰法是以民有惡德而遂絶其世也子曰下之事上也不從其所令從其所行上好是物下必有甚者矣故上之所好惡不可不慎也是民之表也子

曰禹立三年百姓以仁遂焉豈必盡仁詩云赫赫
師尹民具爾瞻甫刑曰一人有慶兆民賴之大雅
曰成王之孚下土之式子曰上好仁則下之為仁
爭先人故長民者章志貞教尊仁以子愛百姓民
致行己以說其上矣詩云有梏(音覺)德行四國順之
子曰王言如絲其出如綸王言如綸其出如綍故
大人不倡游言可言也不可行君子弗言也可行
也不可言君子弗行也則民言不危行而行不危
言矣詩云淑慎爾止不諐(音愆)于儀子曰君子道人

以言而禁人以行故言必慮其所終而行必稽其所敝則民謹於言而慎於行詩云慎爾出話敬爾威儀大雅曰穆穆文王於緝熙敬止子曰長民者衣服不貳從容有常以齊其民則民德一詩云彼都人士狐裘黄黄其容不改出言有章行歸于周萬民所望子曰爲上可望而知也爲下可述而志也則君不疑於其臣而臣不惑於其君矣尹吉曰惟尹躬及湯咸有一德詩云淑人君子其儀不忒子曰有國家者章善癉惡以示民厚則民情不貳

詩云靖共爾位好是正直子曰上人疑則百姓惑下難知則君長勞故君民者章好以示民俗慎惡以御民之淫則民不惑矣臣儀行不重辭不援其所不及不煩其所不知則君不勞矣詩云上帝板板下民卒癉音亶小雅曰匪其止共維王之邛子曰政之不行也教之不成也爵祿不足勸也刑罰不足耻也故上不可以褻刑而輕爵康誥曰敬明乃罰甫刑曰播刑之不迪子曰大臣不親百姓不寧則忠敬不足而富貴已過也大臣不治而邇臣比

矣故大臣不可不敬也是民之表也邇臣不可不慎也是民之道也君毋以小謀大毋以遠言近毋以內圖外則大臣不怨邇臣不疾而遠臣不蔽矣葉公之顧命曰毋以小謀敗大作毋以嬖御人疾莊后毋以嬖御士疾莊士大夫卿士子曰大人不親其所賢而信其所賤民是以親失而教是以煩詩云彼求我則如不我得執我仇仇亦不我力君陳曰未見聖若已弗克見既見聖亦不克由聖子曰小人溺於水君子溺於口大人溺於民皆在其

所褻也夫水近於人而溺人德易狎而難親也易以溺人口費而煩易出難悔易以溺人夫民閉於人而有鄙心可敬不可慢易以溺人故君子不可以不慎也太甲曰毋越厥命以自覆也若虞機張往省括于度則釋兌命曰惟口起羞惟甲胄起兵惟衣裳在笥惟干戈省厥躬太甲曰天作孽可違也自作孽不可以逭尹吉曰惟尹躬先見于西邑夏自周有終相亦惟終子曰民以君爲心君以民爲體心莊則體舒心肅則容敬心好之身必安之

君好之民必欲之心以體全亦以體傷君以民存亦以民亡詩云昔吾有先正其言明且清國家以寧都邑以成庶民以生誰能秉國成不自爲正卒勞百姓君雅曰夏日暑雨小民惟曰怨資冬祈寒小民亦惟曰怨子曰下之事上也身不正言不信則義不一行無類也子曰言有物而行有格也是以生則不可奪志死則不可奪名故君子多聞質而守之多志質而親之精知畧而行之君陳曰出入自爾師虞庶言同詩云淑人君子其儀一也子

曰唯君子能好其正小人毒其正故君子之朋友有鄉其惡有方是故邇者不惑而遠者不疑也詩云君子好仇子曰輕絕貧賤而重絕富貴則好賢不堅而惡惡不著也人雖曰不利吾不信也詩云朋友攸攝攝以威儀子曰私惠不歸德君子不自留焉詩云人之好我示我周行子曰苟有車必見其軾苟有衣必見其敝人苟或言之必聞其聲苟或行之必見其成葛覃曰服之無射子曰言從而行之則言不可飾也行從而言之則行不可飾也

故君子寡言而行以成其信則民不得大其美而小其惡詩云白圭之玷尚可磨也斯言之玷不可爲也小雅曰允矣君子展也大成君奭曰在昔上帝周（作割）田（作申）觀（作勸）文王之德其集大命于厥躬子曰南人有言曰人而無恒不可以爲卜筮古之遺言與龜筮猶不能知也而況於人乎詩云我龜既厭不我告猶兌命曰爵無及惡德民立而正事純而祭祀是爲不敬事煩則亂事神則難易曰不恒其德或承之羞恒其德偵（音貞）婦人吉夫子凶

儒行

魯哀公問於孔子曰夫子之服其儒服與孔子對曰丘少居魯衣逢掖之衣長居宋冠章甫之冠丘聞之也君子之學也博其服也鄉丘不知儒服哀公曰敢問儒行孔子對曰遽數之不能終其物悉數之乃留更僕未可終也哀公命席孔子侍曰儒有席上之珍以待聘夙夜強學以待問懷忠信以待舉力行以待取其自立有如此者儒有衣冠中動作慎其大讓如慢小讓如僞大則如威小則如

愧其難進而易退也粥粥若無能也其容貌有如此者儒有居處齊(音齋)難其坐起恭敬言必先信行必中正道塗不爭險易之利冬夏不爭陰陽之和愛其死以有待也養其身以有爲也其備豫有如此者儒有不寶金玉而忠信以爲寶不祈土地立義以爲土地不祈多積多文以爲富難得而易祿也易祿而難畜也非時不見不亦難得乎非義不合不亦難畜乎先勞而後祿不亦易祿乎其近人有如此者儒有委之以貨財淹之以樂(音要)好見利

不虧其義劫之以衆沮之以兵見死不更其守鷙蟲攫搏不程勇者引重鼎不程其力往者不悔來者不豫過言不再流言不極不斷其威不習其謀其特立有如此者儒有可親而不可劫也可近而不可迫也可殺而不可辱也其居處不淫其飲食不溽其過失可微辨而不可面數也其剛毅有如此者儒有忠信以爲甲冑禮義以爲干櫓戴仁而行抱義而處雖有暴政不更其所其自立有如此者儒有一畝之宮環堵之室篳門圭窬蓬戶甕牖

易衣而出并日而食上答之不敢以疑上不答不敢以諂其仕有如此者儒有今人與居古人與稽今世行之後世以為楷適弗逢世上弗援下弗推讒諂之民有比黨而危之者身可危也而志不可奪也雖危起居竟信音伸其志猶將不忘百姓之病也其憂思有如此者儒有博學而不窮篤行而不倦幽居而不淫上通而不困禮之以和為貴忠信之美優游之法慕賢而容衆毁方而瓦合其寬裕有如此者儒有內稱不辟親外舉不辟怨程功積

事推賢而進達之不望其報君得其志苟利國家
不求富貴其舉賢援能有如此者儒有聞善以相
告也見善以相示也爵位相先也患難相死也久
相待也遠相致也其任舉有如此者儒有澡身而
浴德陳言而伏靜而正之上弗知也麤而翹之又
不急爲也不臨深而爲高不加少而爲多世治不
輕世亂不沮同弗與異弗非也其特立獨行有如
此者儒有上不臣天子下不事諸侯慎靜而尚寬
強毅以與人博學以知服近文章砥厲廉隅雖分

國如錙銖不臣不仕其規爲有如此者儒有合志同方營道同術並立則樂相下不厭久不相見聞流言不信其行本方立義同而進不同而退其交友有如此者温良者仁之本也敬慎者仁之地也寛裕者仁之作也孫接者仁之能也禮節者仁之貌也言談者仁之文也歌樂者仁之和也分散者仁之施也儒皆兼此而有之猶且不敢言仁也其尊讓有如此者儒有不隕穫於貧賤不充詘於富貴不慁音溷君王不累長上不閔有司故曰儒今衆

人之命儒也妄常以儒相詬病孔子至舍哀公館之聞此言也言加信行加義終沒吾世不敢以儒爲戲

禮記總論

永嘉周氏曰經禮三百威儀三千皆出於性非僞貌飾情也天尊地卑禮固立矣類聚群分禮固行矣人者位乎天地之間立乎萬物之上尊卑分類不設而彰聖人循此制爲冠昏喪祭朝聘鄉射之禮以行君臣父子兄弟夫婦朋友之義其形而下

者見於飲食器服之用其形而上者極於無聲無
臭之微衆人勉之賢人行之聖人由之故所以行
其身與其家與其國與其天下者禮治則治禮亂
則亂禮存則存禮亡則亡上自古始下逮五季質
文不同罔不由是然而世有損益惟周爲備夫子
嘗曰郁郁乎文哉吾從周逮其弊也忠信之薄而
情文之繁林放問禮之本孔子欲從先進蓋所以
矯正反弊也然豈禮之過哉爲禮者之過也秦氏
焚滅典籍三代禮文大壞漢興購書禮記四十九

篇雜出諸儒傳記不能悉得聖人之旨考其文義
時有牴牾然而其文繁其義傅學者傅而約之亦
可弗畔蓋其說也粗在應對進退之間而精在道
德性命之要始於童幼之習而卒於聖人之歸惟
達古道者然後能知其言能知其言然後能得於
禮然則禮之所以爲禮其則不遠矣 虙伏音氏曰
禮記乃儀禮之傳儀禮有冠禮禮記則有冠義以
釋之儀禮有昏禮禮記則有昏義以釋之儀禮有
鄉飲酒禮禮記則有鄉飲酒義以釋之儀禮有燕

禮禮記則有燕義以釋之儀禮有聘禮禮記則有聘義以釋之其他篇中雖或雜引四代之制而其言多與儀禮相爲表裏但周禮儀禮皆周公所作而禮記則漢儒所録雖曰漢儒所録然亦儀禮之流也何以言之周禮雖得之於河間獻王時無有傳之者武帝以爲末世瀆亂之書何休以爲六國陰謀之書至於漢末乃行於世惟儀禮之書漢初已行故高堂生傳之蕭奮蕭奮傳之孟卿孟卿傳之后蒼后蒼傳之戴德戴聖二戴因習儀禮而録

禮記故知禮記儀禮之流也

滙古菁華卷四終

涯古菁華

四

滙古菁華卷五

周禮

天官冢宰

大宰之職掌建邦之六典以佐王治邦國一曰治典以經邦國以統百官以均萬民二曰教典以安邦國以教官府以擾萬民三曰禮典以和邦國以治官府以諧萬民四曰政典以平邦國以正百官以紀萬民五曰刑典以詰邦國以刑百官以糾萬民六曰事典以富邦國以任百官以生萬民以八

柄詔王馭群臣一曰爵以馭其貴二曰祿以馭其富三曰廢以馭其罪四曰置以馭其行五曰誅以馭其過六曰生以馭其福七曰予以馭其幸八曰奪以馭其貧以九職任萬民一曰三農生九穀二曰園圃毓草木三曰虞衡作山澤之材四曰藪牧養蕃鳥獸五曰百工飭化八材六曰商賈阜通貨賄七曰嬪婦化治絲枲音移八曰臣妾聚斂疏材九曰閒民無常職轉移執事以九兩繫邦國之民一曰牧以地得民二曰長以貴得民三曰師以賢得

良四曰儒以道得民五曰宗以族得民六曰主以利得民七曰吏以治得民八曰友以任得民九曰藪以富得民正月之吉始和布治于邦國都鄙乃縣治象之法于象魏使萬民觀治象挾日而斂之乃施典于邦國而建其牧立其監設其參傅其伍陳其殷置其輔歲終則令百官府各正其治受其會聽其致事而詔王廢置三歲則大計群吏之治而誅賞之

大史掌建邦之六典以逆邦國之治掌法以逆官

府之治掌則以逆都鄙之治凡辨法者攷焉不信者刑之頒告朔于邦國閏月詔王居門終月大祭祀與執事卜日戒及宿之日與群執事讀禮書而協事祭之日執書以次位常大會同朝覲以書協禮事大師抱天時與大師同車

御史掌邦國都鄙及萬民之治令以贊冢宰凡治者受法令焉

司士掌群臣之版以治其政令歲登下其損益之數辨其年歲與其貴賤周治邦國都家縣鄙之數

卿大夫士庶子之數以德詔爵以功詔祿以能詔事以久奠食唯賜無常正朝儀之位辨其貴賤之等孤卿特揖大夫以其等旅揖士旁三揖王還揖門左揖門右大僕前王入內朝皆退

天府掌祖廟之守藏與其禁令凡官府鄉州及都鄙之治中受而藏之以詔王察群吏之治上春釁寶鎮及寶器季冬陳玉以貞來歲之媺惡

司會以九貢之法致邦國之財用以九賦之法令田野之財用以九功之法令民職之財用以九式

之法均節邦之財用掌國之官府郊野縣都之百
物財用凡在書契版圖者之貳以逆群吏之治而
聽其會計以參互攷日成以月要攷月成以歲會
攷歲成
司服王之吉服祀昊天上帝則服大裘而冕祀五
帝亦如之享先王則衮冕享先公饗射則鷩冕祀
四望山川則毳冕祭社稷五祀則希冕祭群小祀
則玄冕凡兵事韋弁服眂音視朝則皮弁服公之服
自衮冕而下如王之服侯伯之服自鷩冕而下如

公之服子男之服自毳冕而下如侯伯之服孤之服自希冕而下如子男之服卿大夫之服自玄冕而下如孤之服

地官司徒

大司徒以鄉三物教萬民而賓興之一曰六德知仁聖義中和二曰六行孝友睦婣任卹三曰六藝禮樂射御書數以五禮防萬民之僞而教之中以六樂防萬民之情而教之和正月之吉始和布教于邦國都鄙乃縣教象之法于象魏使萬民觀教

象挾日而斂之乃施教法于邦國都鄙使之各以教其所治民令五家爲比使之相保五比爲閭使之相受四閭爲族使之相葬五族爲黨使之相救五黨爲州使之相賙五州爲鄉使之相賓凡萬民之不服教而有獄訟者與有地治者聽而斷之其附于刑者歸于士正歲令于教官曰各共爾職修乃事以聽王命其有不正則國有常刑

黨正國索鬼神而祭祀則以禮屬民而飲酒于序以正齒位一命齒于鄉里再命齒于父族三命而

不齒
司諫掌糾萬民之德而勸之朋友正其行而强之道藝巡問而觀察之以時書其德行道藝辨其能而可任於國事者以考鄉里之治以詔廢置以行赦宥
大司樂以樂德教國子中和祗庸孝友乃奏黃鍾歌大呂舞雲門以祀天神乃奏太簇歌應鍾舞咸池以祭地示（祇通）乃奏姑洗歌南呂舞大磬以祀四望乃奏蕤賓歌函鍾舞大夏以祭山川乃奏夷則

歌小呂舞大濩以享先妣乃奏無射歌夾鍾舞大武以享先祖凡六樂者一變而致羽物及川澤之示再變而致蠃物及山林之示三變而致鱗物及丘陵之示四變而致毛物及墳衍之示五變而致介物及土示六變而致象物及天神凡樂圜鍾爲宮黃鍾爲角太簇爲徵姑洗爲羽靁音雷鼓靁鼗孤竹之管雲和之琴瑟雲門之舞冬日至於地上之圜丘奏之若樂六變則天神皆降可得而禮矣凡樂函鍾爲宮太簇爲角姑洗爲徵南呂爲羽靈鼓

靈鼗孫竹之管空桑之琴瑟咸池之舞夏日至於
澤中之方丘奏之若樂八變則地示皆出可得而
禮矣凡樂黃鍾爲宮大呂爲角太簇爲徵應鍾爲
羽路鼓路鼗陰竹之管龍門之琴瑟九德之歌九
磬之舞於宗廟之中奏之若樂九變則人鬼可得
而禮矣王出入則令奏王夏尸出入則令奏肆夏
牲出入則令奏昭夏大射王出入令奏王夏及射
令奏騶虞凡建國禁其淫聲過聲凶聲慢聲
樂師教樂儀行以肆夏趨以采薺車亦如之環拜

以鍾鼓爲節凡射王以騶虞爲節諸侯以貍首爲節大夫以采蘋爲節士以采蘩爲節

廩人掌九穀之數以待國之匪頒賙賜稍食以歲之上下數邦用以知足否以詔穀用以治年之凶豐凡萬民之食食者人四鬴音釜上也人三鬴中也人二鬴下也若食不能人二鬴則令邦移民就穀詔王殺邦用

遺人掌邦之委積以待施惠鄉里之委積以恤民之囏音艱阨門關之委積以養老孤郊里之委積以

待賓客野鄙之委積以待羇旅縣都之委積以待凶荒凡賓客會同師役掌其道路之委積凡國野之道十里有廬廬有飲食三十里有宿宿有路室路室有委五十里有市市有候館候館有積凡委積之事巡而比之以時頒之

瘍醫以五氣養之以五藥療之以五味節之凡藥以酸養骨以辛養筋以鹹養脉以苦養氣以甘養肉以滑養竅

春官宗伯

大宗伯之職掌建邦之天神人鬼地示祇通之禮以佐王建保邦國以禋祀祀昊天上帝以實柴祀日月星辰以槱音楢燎祀司中司命飌音風師雨師以賓禮親邦國春見曰朝夏見曰宗秋見曰覲冬見曰遇時見曰會殷見曰同時聘曰問殷頫曰視以軍禮同邦國大師之禮用衆也大均之禮恤衆也大田之禮簡衆也大役之禮任衆也大封之禮合衆也以嘉禮親萬民以飲食之禮親宗族兄弟以昏冠之禮親成男女以賓射之禮親故舊朋友以饗

燕之禮親四方之賓客以脤膰之禮親兄弟之國
以賀慶之禮親異姓之國以九儀之命正邦國之
位一命受職再命受服三命受位四命受器五命
賜則六命賜官七命賜國八命作牧九命作伯以
玉作六瑞以等邦國王執鎮圭公執桓圭侯執信
圭伯執躬圭子執穀璧男執蒲璧以禽作六摯以
等諸臣孤執皮帛卿執羔大夫執鴈士執雉庶人
執鶩工商執雞以玉作六器以禮天地四方以蒼
璧禮天以黃琮禮地以青圭禮東方以赤璋禮南

方以白琥禮西方以玄璜禮北方以天産作陰德以中禮防之以地産作陽德以和樂防之凡祀大神享大鬼祭大示帥執事而卜日宿眡滌濯涖玉鬯省牲鑊奉玉齍（音咨）詔大號治其大禮詔相王之大禮若王不與祭祀則攝位國有大故則旅上帝及四望王大封則先告后土乃頒祀于邦國都家鄉邑

司常掌九旗之物名各有屬以待國事日月爲常交龍爲旂通帛爲旜雜帛爲物熊虎爲旗鳥隼爲

旟（音餘）龜蛇爲旐（音兆）全羽爲旞（音遂）析羽爲旌及國之大閱贊司馬頒旗物王建太常諸侯建旂孤卿建旜大夫士建物師都建旗州里建旟縣鄙建旐道車載旞斿車載旌

大行人春朝諸侯而圖天下之事夏宗以陳天下之謨秋覲以比邦國之功冬遇以恊諸侯之慮時會以發四方之禁殷同以施天下之政時聘以結諸侯之好殷頫以除邦國之慝間問以諭諸侯之志歸脤以交諸侯之福賀慶以贊諸侯之喜致禬

音會以補諸侯之裁以九儀辨諸侯之命等諸臣之爵以同邦國之禮而待其賓客王之所以撫邦國諸侯者歲徧存三歲徧頫五歲徧省七歲屬象胥諭言語協辭命九歲屬瞽史諭書名聽聲音十有一歲達瑞節同度量成牢禮同數器脩法則十有二歲王巡守殷國凡諸侯之王事辨其位正其等協其禮賓而見之凡諸侯之邦交歲相問也殷相聘也世相朝也

小行人掌邦國賓客之禮籍以待四方之使者凡

諸侯入王則逆勞于畿及郊勞眡館將幣爲承而擯凡四方之使者大客則擯小客則受其幣而聽其辭達天下之六節山國用虎節土國用人節澤國用龍節皆以金爲之道路用旌節門關用符節都鄙用管節皆以竹爲之

甸師掌帥其屬而耕耨王藉以時入之以共齍盛祭祀共蕭茅共野果蓏音裸之薦帥其徒以薪蒸役外內饔之事

夏官司馬

大司馬之職掌建邦國之九法以佐王平邦國制畿封國以正邦國設儀辨位以等邦國進賢興功以作邦國建牧立監以維邦國制軍詰禁以糾邦國施貢分職以任邦國簡稽鄉民以用邦國均守平則以安邦國比小事大以和邦國以九伐之法正邦國馮弱犯寡則眚之賊賢害民則伐之暴內陵外則壇之野荒民散則削之負固不服則侵之賊殺其親則正之放弒其君則殘之犯令陵政則杜之外內亂鳥獸行則滅之

司關掌國貨之節以聯門市司貨賄之出入者掌其治禁與其征廛凡貨不出於關者舉其貨罰其人凡所達貨賄者則以節傳出之國凶札則無關門之征猶幾凡四方之賓客敂音叩關則爲之告有外内之送令則以節傳出内之

掌節掌守邦節而辯其用以輔王命守邦國者用玉節守都鄙者用角節凡邦國之使節山國用虎節土國用人節澤國用龍節皆金也以英蕩輔之門關用符節貨賄用璽節道路用旌節皆有期以

反節無節者有幾則不達

大僕掌正王之服位出入王之大命王出入則自左馭而前驅王燕飲則相其法王射則贊弓矢王眡燕朝則正位掌擯相王不眡朝則辭於三公及孤卿

挈壺氏掌挈壺以令軍井挈轡以令舍挈畚音本以令糧凡軍事縣壺以序聚欜音托凡喪縣壺以代哭者皆以水火守之分以日夜及冬則以火爨鼎水而沸之而沃之

司弓天子之弓合九而成規諸侯合七而成規大夫合五而成規士合三而成規句者謂之弊弓凡祭祀共射牲之弓矢澤共射椹質之弓矢凡師役會同頒弓弩各以其物從授兵甲之儀張凡亡矢者弗用則更

校人掌王馬之政凡頒良馬而養乘之乘馬一師四圉三乘爲皁皁一趣馬三皁爲繫繫一馭夫六繫爲廄廄一僕夫六廄成校校有左右駑馬三良馬之數麗馬一圉八麗一師八師一趣馬八趣馬

一馭夫天子十有二閑馬六種邦國六閑馬四種家四閑馬二種凡馬特居四之一凡大祭祀朝覲會同毛馬而頒之凡軍事物馬而頒之等馭夫之祿宮中之稍食

秋官司寇

大司寇之職掌建邦之三典以佐王刑邦國詰四方一曰刑新國用輕典二曰刑平國用中典三曰刑亂國用重典以五刑糾萬民一曰野刑上功糾力二曰軍刑上命糾守三曰鄉刑上德糾孝四曰

官刑上能糾職五曰國刑上愿糾暴以圜土聚教罷（疲通）民凡害人者寘之圜土而施職事焉以明刑恥之其能改者反于中國不齒三年以兩造禁民訟入束矢於朝然後聽之以兩劑禁民獄入鈞金三日乃致于朝然後聽之以嘉石平罷民以肺石達窮民凡邦之大盟約涖其盟書而登之于天府奉其明水火凡邦之大事使其屬蹕（音畢）

小司寇以五聲聽獄訟求民情一曰辭聽二曰色聽三曰氣聽四曰耳聽五曰目聽以八辟麗邦法

附刑罰一曰議親之辟二曰議故之辟三曰議賢之辟四曰議能之辟五曰議功之辟六曰議貴之辟七曰議勤之辟八曰議賓之辟

士師以五戒先後刑罰毋使罪麗于民一曰誓用之于軍旅二曰誥用之于會同三曰禁用諸田役四曰糾用諸國中五曰憲用諸都鄙

朝士掌建邦外朝之法左九棘孤卿大夫位焉群士在其後右九棘公侯伯子男位焉群吏在其後面三槐三公位焉州長衆庶在其後左嘉石平罷

民焉右肺石達窮民焉帥其屬而以鞭呼趨且辟
禁慢朝錯立族談者凡得獲貨賄人民六畜者委
于朝告于士旬而舉之大者公之小者庶民私之
凡士之治有期日國中一旬郊二旬野三旬都三
月邦國期期內之治聽期外不聽凡屬責者以其
地傳而聽其辭

司厲掌盜賊之任器貨賄辨其物皆有數量賈而
楬之入于司兵其奴男子入于罪隸女子入于舂
槀凡有爵者與七十者與未齓音襯者皆不爲奴

司圜凡圜土之刑人也不虧體其罰人也不虧財

掌戮墨者使守門劓者使守關宮者使守內刖者使守囿髡者使守積

調人掌司萬民之難而諧和之凡和難父之讐辟音避諸海外兄弟之讐辟諸千里之外從父兄弟之讐不同國君之讐眡音視父師長之讐眡兄弟主友之讐眡從父兄弟弗辟則與之瑞節而以執之凡殺人而義者不同國令勿讐讐之則死

野廬氏掌達國道路至于四畿比國郊及野之道

路宿息井樹若有賓客則令守涂(音途)地之人聚欜之有相翔者誅之凡有節者及有爵者至則爲之辟禁野之横行徑踰者

脩閭氏掌比國中宿互欜(音拓)者與其國粥而比其追胥者而賞罰之禁徑踰者與以兵革趨行者與馳騁於國中者邦有故則令守其閭互唯執節者不幾

胥師各掌其次之政令而平其貨賄憲刑禁焉察其詐僞飾行儥(音育)慝者而誅罰之聽其小治小訟

而斷之

賈師各掌其次之貨賄之治辨其物而均平之展其成而奠其賈然後令市凡天患禁貴價者使有恒賈凡國之賣價各帥其屬而嗣掌其月

司虣音武掌憲市之禁令禁其鬭囂者與其虣亂者出入相陵犯者以屬遊飲食于市者

司稽掌巡市而察其犯禁者與其不物者而搏之

冬官司空

大司空之職掌建邦土地之圖與其人民之數以

佐王富邦國以天下土地之圖周知九州之地域
廣輪之數辨其山林川澤丘陵墳衍原隰音習之名
物而辨其邦國都鄙之數制其畿疆而溝封之設
其社稷之壝音委而樹之田主各以其野之所宜木
遂以名其社與其野以土會之法辨五地之物生
一曰山林其動物宜毛物其植物宜皁物其民毛
而方二曰川澤其動物宜鱗物其植物宜膏物其
民黑而津三曰丘陵其動物宜羽物其植物宜覈
物其民專而長四曰墳衍其動物宜介物其植物

宜莢物其民晳而瘠五曰原隰其動物宜蠃物其
植物宜叢物其民豐肉而痺以土圭之法測土深
正日景以求地中日南則景短多暑日北則景長
多寒日東則景夕多風日西則景朝多陰日至之
景尺有五寸謂之地中天地之所合也四時之所
交也風雨之所會也陰陽之所和也然則百物阜
安乃建王國焉制其畿方千里而封樹之凡造都
鄙制其地域而封溝之以其室數制之不易之地
家百晦一易之地家二百晦再易之地家三百晦

乃分地職奠地守制地貢而頒職事焉以爲地法而待政令

小司空乃會萬民之卒伍而用之五人爲伍五伍爲兩四兩爲卒五卒爲旅五旅爲師五師爲軍以起軍旅以作田役以比追胥以令貢賦乃均土地以稽其人民而周知其數上地家七人可任也者家三人中地家六人可任也者二家五人下地家五人可任也者家二人凡起徒役毋過家一人以其餘爲羨唯田與追胥竭作凡令賦以地與民制

之凡上地食者參之二其民可用者家三人中地食者半其民可用者二家五人下地食者參之一其民可用者家二人乃經土地而井牧其田野九夫爲井四井爲邑四邑爲丘四丘爲甸四甸爲縣四縣爲都以任地事而令貢賦凡稅斂之事乃分地域而辨其守施其職而平其政及大比登民數自生齒以上登于天府孟冬祀司民獻民數于王王拜受之以圖國用而進退之

遂人以土地之圖經田野造縣鄙形體之法五家

爲鄰五鄰爲里四里爲酇酇音纘五酇爲鄙五鄙爲縣五縣爲遂皆有地域溝樹之使各掌其政令刑禁以歲時稽其人民而授之田野簡其兵器教之稼穡凡治野以下劑致甿甿音盲以田里安甿以樂昏擾甿以土宜教甿稼穡以興耡利甿以時器勸甿以彊予任甿以土均平政凡治野夫間有遂遂上有徑十夫有溝溝上有畛百夫有洫洫上有涂千夫有澮澮上有道萬夫有川川上有路以達于畿凡賓客令脩野道而委積

遂大夫各掌其遂之政令以歲時稽其夫家之衆寡六畜田野辨其可任者與其可施舍者以教稼穡以稽功事掌其政令戒禁聽其治訟正歲簡稼器修稼政三歲大比則帥其吏而興甿明其有功者屬其地治者

閭師凡任民任農以耕事貢九穀任圃以樹事貢草木任功以飭材事貢器物任商以市事貢貨賄任牧以畜事貢鳥獸任嬪以女事貢布帛任衡以山事貢其物任虞以澤事貢其物凡無職者出夫

布凡庶民不畜者祭無牲不耕者祭無盛不樹者無椁不蠶者不帛不績者不衰

職方氏掌天下之圖以掌天下之地辨其邦國都鄙四夷八蠻七閩九貉五戎六狄之人民與其財用九穀六畜之數要周知其利害乃辨九服之邦國方千里曰王畿其外方五百里曰侯服又其外方五百里曰甸服又其外方五百里曰男服又其外方五百里曰采服又其外方五百里曰衛服又其外方五百里曰蠻服又其外方五百里曰夷服

又其外方五百里曰鎮服又其外方五百里曰藩服凡邦國千里封公以方五百里則四公方四百里則六侯方三百里則十一伯方二百里則二十五子方百里則百男以周知天下凡邦國小大相維王設其牧制其職各以其所能制其貢各以其所有王將巡守則戒于四方曰各脩平乃守攷乃職事無敢不敬戒國有大刑及王之所行先道帥其屬而巡戒令王殷國亦如之

稻人掌稼下地以瀦（音豬）畜水以防止水以溝蕩水

以遂均水以列舍水以澮寫水以涉揚其芟作田凡稼澤夏以水殄草而芟荑之澤草所生種之芒種旱暵共其雩斂喪紀共其葦事

司市以次敘分地而經市以陳肆辨物而平市以政令禁物靡而均市以商賈阜貨而行布以量度成賈而徵儥音笛以質劑結信而止訟以賈民禁僞而除詐以刑罰禁虣而去盜以泉府同貨而斂賒大市日昃音昃而市百族爲主朝市朝時而市商賈爲主夕市夕時而市販夫販婦爲主凡治市之貨

賄六畜珍異亡者使有利者使阜害者使亡靡者使微凡市僞飾之禁在民者十有二在商者十有二在賈者十有二在工者十有二國君過市則刑人赦夫人過市罰一幕世子過市罰一帟命夫過市罰一蓋命婦過市罰一帷

泉府掌以市之征布斂布之不售貨之滯於民用者以其賈買之物揭而書之以待不時而買者買者各從其抵都鄙從其主國人郊人從其有司然後予之凡賒者祭祀無過旬日喪紀無過三月凡

民之貸者與其有司辨而授之以國服爲之息凡
國之財用取具焉歲終則會其出入而納其餘
山虞掌山林之政令物爲之厲而爲之守禁仲冬
斬陽木仲夏斬陰木凡服耜斬季材以時入之令
萬民時斬材有期日凡邦工入山林而掄材不禁
若祭山林則爲主而脩除且蹕若大田獵則萊山
田之野及弊田植虞旗于中致禽而珥音耳焉
獸人掌罟田獸辨其名物冬獻狼夏獻麋春秋獻
獸物時田則守罟及弊田令禽注于虞中

薙氏掌殺草春始生而萌之夏日至而夷之秋繩而芟之冬日至而耜之若欲其化也則以水火變之

考工記

國有六職百工與居一焉坐而論道謂之王公作而行之謂之士大夫審曲面勢以飭五材以辨民器謂之百工通四方之珍異以資之謂之商旅飭力以長地財謂之農夫治絲麻以成之謂之婦功粵之無鎛也非無鎛也夫人而能爲鎛也燕之無

函也非無函也夫人而能爲函也秦之無廬也非無廬也夫人而能爲廬也胡之無弓車也非無弓車也夫人而能爲弓車也知者創物巧者述之守之世謂之工爍金以爲刃凝土以爲器作車以行陸作舟以行水此皆聖人之所作也橘踰淮而北爲枳鸜鵒不踰濟貉踰汶則死此地氣然也鄭之刀宋之斤魯之削吳粵之劒遷乎其地而弗能爲良地氣然也燕之角荆之幹妢音分胡之笴音幹吳粵之金錫此材之美者也天有時以生有時以殺草

木有時以生有時以死石有時以泐音勒水有時以凝有時以澤此天時也故一器而工聚焉者車爲多凡察車之道必自載於地者始也是故察車自輪始輪巳崇則人不能登也輪巳庳則於馬終古登阤音他也六尺有六寸之輪軹崇三尺有三寸也加軫與轐音僕焉四尺也人長八尺登下以爲節

輪人轂也者以爲利轉也輻也者以爲直指也牙也者以爲固抱也望而眂音視其輪欲其幎爾而下迆音倚也進而眂之欲其微至也無所取之取諸圜

也望其幅欲其揱音蕭爾而纖也進而眡之欲其肉

稱也無所取之取諸易直也望其轂欲其眼也進

而眡之欲其幬之廉也無所取之取諸急也凡斬

轂之道必矩其陰陽陽也者稹音真理而堅陰也者

疏理而柔是故以火養其陰而齊諸其陽則轂雖

敝不藃音浩輻廣而鑿淺則是以大扤音兀雖有良工

莫之能固凡爲輪行澤者欲杼行山者欲侔杼以

行澤則是刀以割塗也是故塗不附侔以行山則

是摶以行石也是故輪雖敝不甐音鄰於鑿是故規

之以眂其圜也萬之以眂其匡也縣之以眂其輻之直也水之以眂其平沈之均也量其藪以黍以眂其同也權之以眂其輕重之侔也故可規可萬可水可縣可量可權也謂之國工

輿人今夫大車之轅摯其登又難既克其登其覆車也必易此無故唯轅直且無橈也是故大車平地既節軒摯之任及其登阤不伏其轅必縊其牛此無故唯轅直且無橈也故登阤者倍任者也猶能以登及其下阤也不援其邸必緧音秋其牛後此

也
函人爲甲犀甲七屬兕甲六屬合甲五屬凡甲鍛
不摯則不堅已敝則橈凡察革之道眂其鑽空欲
其惌音鬱也眂其裏欲其易也眂其朕欲其直也櫜
之欲其約也舉而眂之欲其豐也衣之欲其無齘
音解也
畫繢青與赤謂之文赤與白謂之章白與黒謂之
黼黒與青謂之黻五采備謂之繡土以黄其象方
天時變火以圜山以章水以龍鳥獸蛇雜四時五

色之位以章之謂之巧凡畫繢之事後素功

矢人前弱則俛後弱則翔中弱則紆中强則揚羽豐則遲羽殺則趮音躁是故夾而搖之以眡其豐殺之節也橈之以眡其鴻殺之稱也

廬人凡兵無過三其身過三其身弗能用也而無已又以害人故攻國之兵欲短守國之兵欲長攻國之人衆行地遠食飲饑且涉山林之阻是故兵欲短守國之人寡食飲飽行地不遠且不涉山林之阻是故兵欲長凡試廬事置而搖之以眡其蜎

也灸諸牆以眡其橈之均也橫而搖之以眡其勁
也六建既備車不反覆謂之國工
車人之事半矩謂之宣一宣有半謂之欘一欘有
半謂之柯一柯有半謂之磬折
弓人爲弓取六材必以其時六材既聚巧者和之
凡爲弓方其峻而高其柎長其畏而薄其敝宛之
無已應材美工巧爲之時謂之參均角不勝幹幹
不勝筋謂之參均量其力有三均均者三謂之九
和爲天子之弓合九而成規爲諸侯之弓合七而

成規大夫之弓合五而成規士之弓合三而成規豐肉而短寬緩以荼若是者爲之危弓危弓爲之安矢骨直以立忿埶以奔若是者爲之安弓安弓爲之危矢覆之而角至謂之句弓覆之而幹至謂之侯弓覆之而筋至謂之深弓

淮古菁華卷五終

滙古菁華卷六

孔子家語

相魯第一

孔子初仕爲中都宰制爲養生送死之節長幼異食彊弱異任男女別塗路無拾遺器不彫僞爲四寸之棺五寸之槨因丘陵爲墳不封不樹行之一年而四方之諸侯則焉定公謂孔子曰學子此法以治魯國何如孔子對曰雖天下可乎何但魯國而已哉於是二年定公以爲司空乃別五土之性

而物各得其所生之宜咸得厥所先時季氏葬昭公于墓道之南孔子溝而合諸墓焉謂季桓子曰貶君以彰巳罪非禮也今合之所以揜夫子之不臣由司空爲大司寇設法而不用無奸民

定公與齊侯會於夾谷孔子攝行相事曰臣聞有文事者必有武備有武事者必有文備古者諸侯並出疆必具官以從請具左右司馬定公從之至會所爲壇位土階三等以遇禮相見揖讓而登獻酢既畢齊使萊人以兵鼓譟音燥劫定公孔子歷階

而進以公退曰士以兵之吾兩君爲好裔夷之俘敢以兵亂之非齊君所以命諸侯也裔不謀夏夷不亂華俘不干盟兵不偪好於神爲不祥於德爲僣義於人爲失禮君必不然齊侯心怍麾而避之有頃齊奏宮中之樂俳（音排）優侏儒戲於前孔子趨進歷階而上不盡一等曰匹夫熒惑諸侯者罪當誅請右司馬速加刑焉於是斬侏儒齊侯懼有慙色將盟齊人加載書曰齊師出境而不以兵車三百乘從我者有如此盟孔子使茲無還對曰而不

返我汶陽之田吾所供命者亦如之齊侯將設享禮孔子以梁丘據曰齊魯之故吾子何不聞焉事既成矣而又享之是勤執事且犧象不出門嘉樂不野合享而既具是棄禮若其不具是用秕粺用秕粺君辱棄禮名惡子盍圖之夫享所以昭德也不昭不如其已乃不果享齊侯歸責其群臣曰魯以君子之道輔其君而子獨以夷狄之道教寡人使得罪於是乃歸所侵魯之四邑及汶陽之田

始誅第二

孔子爲魯大司寇有父子訟者夫子同狴執之三月不別其父請正夫子赦之焉季孫聞之不悅曰司寇欺余曩告余曰國家必先以孝余今戮一不孝以教民孝不亦可乎而又赦何哉冉有以告孔子子喟然嘆曰嗚呼上失其道而殺其下非理也不教以孝而聽其獄是殺不辜三軍大敗不可斬也獄犴（音岸）不治不可刑也何者上教之不行罪不在民故也夫慢令謹誅賊也徵斂無時暴也不試責成虐也政無此三者然後刑可即也書云義刑

義殺勿庸以即汝心惟曰未有慎事言必教而後刑也既陳道德以先服之而猶不可尚賢以勸之又不可即廢之又不可然後以威憚之若是三年而百姓正矣其有邪民不從化者然後待之以刑則民咸知罪矣詩云天子是毗俾民不迷是以威厲而不試刑錯而不用今世則不然亂其教繁其刑使民迷惑而陷焉又從而制之故刑彌繁而盜不勝也夫三尺之限空車不能登者何哉峻故也百仞之山重載陟焉何也陵遲故也今世俗之陵

遲久矣雖有刑法民能勿踰乎

王言解第三

孔子閒居曾子侍孔子曰參乎今之君子唯士與大夫之言聞也至於君子之言者希於乎吾以王言之其不出戶牖而化天下曾子下席而對曰敢問何謂王者言孔子不應曾子肅然而懼摳衣而退負席而立有頃孔子顧謂曰參汝可語明王之道與曾子曰非敢以爲足也請因所聞而學焉子曰夫道者所以明德也德者所以尊道也是以非

德道不尊非道德不明雖有國之良馬不以其道
服乘之不可以里雖有博地衆民不以其道治之
不可以致霸王是故昔者明王內修七教外行三
至七教修然後可以守三至行然後可以征明王
之道其守也則必折衝乎千里之外其征也則必
還師衽席之上故曰內修七教而上不勞外行三
至而財不費此之謂明王之道也曾子曰不勞不
費之謂明王可得聞乎孔子曰昔者帝舜左禹而
右皋陶不下席而天下治夫如此何上之勞乎政

之不中君之患也令之不行臣之罪也若乃十一
而稅用民之力歲不過三日入山澤以其時而無
征關譏市廛皆不收賦此則生財之路而明王節
之何財之費乎曾子曰敢問何謂七教孔子曰上
敬老則下益孝上尊齒則下益弟上樂施則下益
寬上親賢則下擇友上好德則下不隱上惡貪則
下耻爭上廉讓則下耻節此之謂七教七教者治
民之本也政教定則本正矣凡上者民之表也表
正則何物不正是故人君先立仁於巳然後大夫

忠而士信民敦俗樸男愨而女貞六者教之致也
布諸天下四方而不窕納諸尋常之室而不塞等
之以禮立之以義行之以順則民之弃惡如湯之
灌雪焉曾子曰道則至矣弟子不足以明之孔子
曰參以爲姑止乎又有焉昔者明王之治民也法
必裂地以封之分屬以理之然後賢民無所隱暴
民無所伏使有司日省而時考之進用賢良退貶
不肖則賢者説而不肖者懼哀鰥寡養孤獨恤貧
窮誘孝弟選才能此七者修則四海之内無刑民

矣上之親下也如手足之於腹心下之親上也如幼子之於慈母矣上下相親如此故令則從施則行民懷其德近者悅服遠者來附政之致也夫布指知寸布手知尺舒肘知尋斯不遠之則也周制三百步爲里千步爲井三井而埒埒三而矩五十里而都封百里而有國乃爲稸積資聚焉恤行者有無是以蠻夷諸夏雖衣冠不同言語不合莫不來賓故曰無市而民不乏無刑而民不亂田獵罩弋非以盈宮室徵斂百姓非以盈府庫也慘怛以

補不足禮節以損有餘多信而寡貌其禮可守其
言可復其跡可履如饑而食如渴而飲民之信之
如寒暑之必驗故視遠若邇非道邇也見明德也
是故兵革不動而威用利不施而親此之謂明王
之守折衝千里之外者也曾子曰敢問何謂三至
孔子曰至禮不讓而天下治至賞不費而天下士
悅至樂無聲而天下民和明王篤行三至故天下
之君可得而知天下之士可得而臣天下之民可
得而用曾子曰敢問此義何謂孔子曰古者明王

必盡知天下良士之名既知其名又知其實然後因天下之爵以尊之此之謂至禮不讓而天下治因天下之祿以富天下之士此之謂至賞不費而天下之士悅如此則天下之名譽興焉此之謂至樂無聲而天下之民和

五儀解第七

哀公問於孔子曰寡人欲論魯國之士與之為治敢問如何取之孔子對曰生今之世志古之道居今之俗服古之服舍此而為非者不亦鮮乎曰然

則章甫絇屨紳帶搢笏者賢人也孔子曰不必然也丘之所言非此之謂也夫端衣玄裳冕而乘軒者則志不在於食葷斬衰菅菲杖而歠粥者則志不在酒肉生今之世志古之道居今之俗服古之服謂此類也公曰善哉盡此而已乎孔子曰人有五儀有庸人有士人有君子有賢人有聖人審此五者則治道畢矣公曰敢問何如斯謂之庸人孔子曰庸人者心不存慎終之規口不吐訓格之言不擇賢以托其身不力行以自定見小闇大不知

所務從物如流不知其所執五鑿爲正心從而壞此則庸人也公曰何謂士人孔子曰所謂士人者心有所定計有所守雖不能盡通道術之本必有率也雖不能備百善之美必有處也是故知不務多必審其所知言不務多必審其所謂行不務多必審其所由知既知之言既道之行既由之則若性命形骸之不可易也富貴不足以益貧賤不足以損此則士人也公曰何謂君子孔子曰所謂君子者言必忠信而心不怨仁義在身而色無伐思

慮通明而辭不專篤行信道自強不息油然若將可越而終不可及者君子也公曰何謂賢人孔子曰所謂賢人者德不踰閑行中規繩言足以法於天下而不傷於身道足化於百姓而不傷於本富則天下無宛財施則天下不病貧此賢者也公曰何謂聖人孔子曰所謂聖人者德合於天地變通無方窮萬事之終始恊庶品之自然明竝日月化行若神下民不知其德覩者不識其鄰此則聖人也公曰善哉非子之賢則寡人不得聞此言也雖

然寡人生於深宮之內長於婦人之手未嘗知哀
未嘗知憂未嘗知勞未嘗知懼未嘗知危恐不足
以行五儀之教若何孔子對曰如君之言已知之
矣丘亦無所聞焉公曰非吾子寡人無以啓其心
吾子言也孔子曰君子入廟如右登自阼階仰視
榱桷俯察几筵其器皆存而不覩其人君以此思
哀則哀可知矣昧爽夙興正其衣冠平旦視朝慮
其危難一物失理亂亡之端君以此思憂則憂可
知矣日出聽政至于中冥諸侯子孫往來如賓行

禮揖讓慎其威儀君以此思勞則勞可知矣緬然長思出於四門周章遠望亡國之墟必將有數焉君以此思懼則懼可知矣夫君者舟也庶人者水也水所以載舟亦所以覆舟君以此思危則危可知矣君能明此五者又留意於五儀之事則政治何有失矣

致思第八

孔子北遊於農山子路子貢顏淵侍側孔子四望喟然而嘆曰於斯致思無所不至矣二三子各言

爾志吾將擇焉子路進曰由願得白羽若月赤羽若日鐘鼓之音上震於天旍旗繽紛下蟠於地由當一隊而敵之必也攘地千里搴旗執馘唯由能之使二子者從我焉夫子曰勇哉子貢復進曰賜願使齊楚合戰於莽瀁之野兩壘相望塵埃相接挺刃交兵賜著縞衣白冠陳說其間推論利害釋二國之患唯賜能之使二子者從我焉夫子曰辯哉顏回退而不對孔子曰回來汝奚獨無願乎顏回對曰文武之事則二子者既言之矣回何云焉

孔子曰雖然各言爾志也小子言之對曰回聞薰蕕不同器而藏堯桀不共國而治以其類異也回願明王聖主輔相之敷其五教道之以禮樂使民城郭不修溝池不越鑄劍戟以爲農器放牛馬於原藪室家無離曠之思千歲無戰鬬之患則由無所施其勇而賜無所用其辯矣夫子凜然曰美哉德也子路抗手而問曰夫子何選焉孔子曰不傷財不害民不繁詞則顏氏之子有矣

季羔爲衛之士師刖人之足俄而衛有蒯聵之亂

季羔逃之走郭門刖者守門焉謂季羔曰彼有缺季羔曰君子不踰又曰彼有竇季羔曰君子不隧又曰於此有室季羔乃入焉既而追者罷季羔將去謂刖者曰吾不能虧主之法而親刖子之足今吾在難正子報怨之時而逃我者三何哉刖者曰斷足固我之罪無可奈何曩者君治臣以法令先人後臣欲臣之免也臣知之獄決罪定臨當論刑君愀然不樂見君顏色臣又知之君豈私臣哉天生君子其道固然此臣之所以悅君也孔子聞之

曰善哉爲吏其用法一也思仁恕則樹德加嚴暴則樹怨公以行之其子羔乎

孔子謂伯魚曰鯉乎吾聞可以與人終日不倦者其惟學焉其容體不足觀也其勇力不足憚也其先祖不足稱也其族姓不足道也終而有大名以顯聞四方流聲後裔者豈非學者之效也故君子不可以不學其容不可以不飾不飾無類（作狽）無類失親失親不忠不忠失禮失禮不立天遠而有光者飾也近而愈明者學也譬之汚池水潦注焉雚

猶葦生焉雖或以觀之孰知其源乎

子路見於孔子曰負重涉遠不擇地而休家貧親老不擇祿而仕昔者由也事二親之時常食藜藿之實爲親負米百里之外親沒之後南遊於楚從車百乘積粟萬鍾累裀而坐列鼎而食願欲食藜藿爲親負米不可復得也枯魚銜索幾何不蠹二親之壽忽若過隙孔子曰由也事親可謂生事盡力死事盡思者也

三恕第九

孔子觀於魯桓公之廟有欹器焉夫子問於守廟者曰此謂何器對曰此蓋爲宥坐之器孔子曰吾聞宥坐之器虛則欹中則正滿則覆明君以爲至誡故常置於座側顧謂弟子曰試注水焉乃注之水中則正滿則覆夫子喟然嘆曰嗚呼夫物惡有滿而不覆者哉子路進曰敢問持滿有道乎孔子曰持滿之道挹而損之子路曰損之有道乎孔子曰聰明睿智守之以愚功被天下守之以讓勇力振世守之以怯富有四海守之以謙此所謂損之

又損之之道也

孔子觀於東流之水子貢問曰君子所見大水必觀焉何也孔子對曰以其不息且徧與諸生而不爲也夫水有似乎德其流也則卑下倨拘必循其理此似義浩浩乎無屈盡之期此似道流行赴百仞之谿而不懼此似勇至量必平之此似法盛而不求概此似正綽約微達此似察發源必東此似志以出以入萬物就此化絜此似善化也水之德有若此是故君子見必觀焉

子路盛服見於孔子子曰由是倨倨者何也夫江始出於岷山其源可以濫觴及其至於江津不舫舟不避風則不可以涉非惟下流水多邪今爾衣服既盛顏色充盈天下且孰肯以非告汝乎子路趨而出改服而入蓋自若也子曰由志之吾告汝奮於言者華奮於行者伐夫色智而有能者小人也故君子知之曰知言之要也不能曰不能行之至也言要則智行至則仁既仁且智惡不足哉

好生第十

魯人有獨處室者隣之嫠婦亦獨處一室夜暴風雨至釐婦之室壞趨而托焉魯人閉戶而不納嫠婦自牖與之言子何不仁而不納我乎魯人曰吾聞男女不六十不同居今子幼吾亦幼是以不納爾也婦人曰子何不如柳下惠然嫗不建門之女魯人曰柳下惠則可吾固不可吾將以吾之不可學柳下惠之可孔子聞之曰善哉欲學柳下惠者未有似於此者期於至善而不襲其爲可謂智乎

觀周第十一

孔子謂南宮敬叔曰吾聞老聃博古知今則吾師也今將往矣敬叔與俱至周問禮於老聃訪樂於萇弘歷郊社之所考明堂之則察廟朝之度於是喟然曰吾乃今知周公之聖與周之所以興也及去周老子送之曰吾聞富貴者送人以財仁者送人以言吾雖不能富貴而竊仁者之號請送子以言乎凡當今之人聰明深察而近於死者好議議人者也博辯閎遠而危其身者好發人之惡者也孔子曰敬奉教自周反魯道彌尊矣遠方弟子之

進蓋三千焉

孔子觀周入后稷之廟有金人焉三緘其口而銘其背曰古之慎言人也戒之哉無多言多言多敗無多事多事多患安樂必戒無行所悔勿謂何傷其禍將長勿謂何害其禍將大勿謂不聞神將伺人熖熖不滅炎炎若何涓涓不壅終爲江河綿綿不絶或成網羅毫末不札將尋斧柯誠能慎之福之根也口是何傷禍之門也强梁者不得其死好勝者必遇其敵君子知天下之不可上也故下之

知衆人之不可先也故後之寅恭愼德使人慕之執雌持下人莫踰之人皆取彼我獨守此人皆惑之我獨不徙內藏我智不示人技我雖高人弗我害誰能如此江海雖左長於百川以其卑也天道無親而能下人戒之哉孔子既讀斯文也顧謂弟子曰小子識之此言實而中情而信

弟子行第十二

衛將軍文子問於子貢曰吾聞孔子之施教也先之以詩書而道之以孝悌說之以仁義觀之以禮

樂然後成之以文德蓋入室升堂者七十有餘人其孰為賢子貢對以不知文子曰請聞其行子貢曰夫能夙興夜寐諷詩崇禮行不貳過稱言不苟是顏回之行也若逢有德之君出受顯命不失厥名以御於天子則王者之相也在貧如客使其臣如借不遷怒不深怨不錄舊非是冉雍之行也不畏強禦不侮鰥寡其言循性其都以富材任治戎是仲由之行也孔子和之以文強乎武哉文不勝質恭老恤幼不忘賓旅好學博藝省物而勤巳是

冉求之行也孔子語之曰好學則知恤孤則惠恭則近禮勤則有繼堯舜篤恭以王天下其稱之曰宜爲國老齊莊而能肅志通好禮擯相兩君之事篤雅有節是公西赤之行也孔子曰二三子之欲學賓客之禮者其於赤也滿而不盈實而如虛過之如不及先王難之其貌恭其德敦其言於人也無所不信其驕大人也常以浩浩是曾參之行也孔子曰孝德之始也悌德之序也信德之厚也忠德之正也參行夫四德者也羨功不伐貴位不喜

不侮不佚不傲無告是顓孫師之行也孔子曰其不伐則猶可能也其不弊百姓則仁也夫子以其仁爲大學之深送迎必敬上交下接若截焉是卜商之行也貴之不喜賤之不怒苟利於民廉於行已其事上也以佑其下是澹臺滅明之行也孔子曰獨富獨貴君子耻之夫也中之矣先成其慮及事而用故動則不妄是言偃之行也孔子曰欲能則學欲知則問欲善則詳欲給則豫當是而行偃也得之矣獨居思仁公言仁義其於詩也則一日

三復白圭之玷是南宮縚之行也孔子信其能仁以爲異士自見孔子出入於戶未嘗越禮往來過之足不履影啓蟄不殺方長不折執親之喪未嘗見齒是高柴之行也孔子曰柴於親喪則難能也啓蟄不殺則順人道方長不折則恕人也成湯恭而以恕是以日隮

子貢既與衛將軍文子言適魯以其辭狀告孔子孔子曰然吾亦語女耳之所未聞目之所未見者豈思之所不至知之所未及哉子貢曰賜願得聞

之孔子曰不克不忌不念舊怨蓋伯夷叔齊之行也畏天而敬人服義而行信孝於父母恭於兄弟從善而教不道蓋趙文子之行也其事君也不敢愛其死然亦不敢忘其身謀其身不遺其友君陳則進而用之不陳則行而退蓋隨武子之行也其爲人之淵源也多聞而難誕內植足以沒其世國家有道其言足以治無道其默足以容蓋銅鞮伯華之行也外寬而內正自拯於隱括之中直己而不直人汲汲於仁蓋蘧伯玉之行也孝恭慈仁允

德圖義約貨去怨輕財不賈蓋柳下惠之行也其言曰君雖不量於其身臣不可以不忠於其君是故君擇臣而任之臣亦擇君而事之有道順命無道衡命蓋晏平仲之行也蹈忠而行信終日言不在尤之內國無道處賤不悶貧而能樂蓋老子之行也易行以俟命居下不援其上其觀於四方也不忘其親不盡其樂以不能則學不爲巳終身之憂蓋介子山之行也昔晉平公問祁奚羊舌大夫晉之良大夫也其行如何祁奚對曰其少也恭而

順心有耻而不使其過宿其爲大夫也悉善而謙其端其爲輿尉也信而好直其功至於其爲容也溫良而好禮慱聞而時出其志此又羊舌大夫之行也

辨政第十四

子貢問於孔子曰昔者齊君問政夫子曰政在節財魯君問政夫子曰政在諭臣葉公問政夫子曰政在悅近而來遠三者之問一也而夫子應之不同然政在異端乎子曰各因其事也齊君爲國奢

乎臺榭淫乎苑囿五官伎樂不懈於時一旦而賜人以千乘之家者三故曰政在節財魯君有臣三人內比周以愚其君外距諸侯之賓以蔽其明故曰政在諭臣夫荆之地廣而都狹民有離心莫安其君故曰政在悅近而來遠此三者所以為政殊矣

子貢為信陽宰將行入辭於孔子孔子曰勤之慎之奉天子之時無奪無伐無暴無盜子貢曰賜也少而事君子豈以盜為累哉孔子曰女未之詳也夫以賢代賢是為之奪以不肖代賢是謂之伐緩

令急誅是謂之暴取善自與是謂之盜盜非竊財之謂也吾聞之知爲吏者奉法以利民不知爲吏者枉法以侵民此怨之所由生也治民莫若平臨財莫如廉廉平之守不可攻也匿人之善斯爲蔽賢揚人之惡斯爲小人內不相訓而外相謗非親睦也言人之善若已有之言人之惡若已受之故君子無所不慎焉

子路治蒲三年孔子過之入其境曰善哉由也恭敬以信矣入其邑曰善哉由也忠信而寬矣至其

庭曰善哉由也明察以斷矣子貢執轡而問曰夫子未見由之政而三稱其善其善可得聞焉孔子曰吾見其政矣入其境田疇盡易草萊甚辟溝洫深治此其恭敬以信故其民盡力也入其邑墻屋完固樹木甚茂此其忠信以寬故其民不偷也至其庭庭甚清閑諸下用命此其明察以斷故其政不擾也以此觀之雖三稱其善庸盡其美乎

六本第十五

孔子曰行已有六本焉本立然後爲君子也立身

有義矣而孝爲本喪祀有禮矣而哀爲本戰陣有列矣而勇爲本治政有理矣而農爲本居國有道矣而嗣爲本生財有時矣而力爲本置本不固無務豐末親戚不悅無務外交事不終始無務多業記聞而言無務多說比近不安無務求遠是故反本修邇君子之道也

孔子曰吾死之後則商也日益賜也日損曾子曰何謂也子曰商也好與賢已者處賜也悅不若已者處不知其子視其父不知其人視其友不知其

君視其所使不知其地視其草木故曰與善人居如入芝蘭之室久而不聞其香即與之化矣與不善人居如入鮑魚之肆久而不聞其臭亦與之化矣丹之所藏者赤漆之所藏者黑是以君子必慎其所與處者焉

顏回第十八

魯定公問顏回曰子亦聞東野畢之善御乎對曰善則善矣雖然其馬將必佚定公色不悅謂左右曰君子固有誣人也顏回退後三日牧來訴之曰

東野畢之馬佚兩驂曳兩服入于廄公聞之越席而起促駕召顏回回至公曰前日寡人問吾子以東野畢之善御而子曰善則善矣其馬將佚不識吾子奚以知之顏回對曰以政知之昔者帝舜巧於使民造父巧於使馬舜不窮其民力造父不窮其馬力是以舜無佚民造父無佚馬今東野畢之御也升馬執轡銜體正矣步驟馳騁朝禮畢矣歷險致遠馬力盡矣然而猶乃求馬不已臣以此知之公曰善哉若吾子之言也吾子之言其義大矣

願少進乎顏回曰臣聞之鳥窮則啄獸窮則攫人窮則詐馬窮則佚自古及今未有窮其下而能無危者也

子路初見第十九

子路初見孔子子曰汝何好樂對曰好長劍子曰吾非此之問也徒謂以子之所能而加之以學問豈可及乎子路曰學豈益哉子曰夫人君而無諫臣則失正士而無教友則失聽御狂馬不釋策操弓不反檠木受繩則直人受諫則聖受學重問孰

不順成毀仁惡士必近於刑君子不可不學子路曰南山有竹不揉自直斬而用之達於犀革以此言之何學之有子曰栝而羽之鏃而礪之其入之不亦深乎

澹臺子羽有君子之容而行不勝其貌宰我有文雅之辭而智不充其辯孔子曰語云相馬以輿相士以居弗可廢矣以容取人則失之子羽以辭取人則失之宰予

在厄第二十

楚昭王聘孔子孔子往拜禮焉路出於陳蔡陳蔡大夫相與謀曰孔子聖賢其所刺譏皆中諸侯之病若用於楚則陳蔡危矣遂使徒兵距孔子不得行絕糧七日外無所通藜羹不充從者皆病孔子愈慷慨講誦絃歌不衰乃召子路而問焉曰吾道非乎奚爲至於此子路慍作色而對曰君子無所困意者夫子未仁與人之弗吾信也意者夫子未智與人之弗吾行也且由也昔者聞諸夫子曰爲善者天報之以福爲不善者天報之以禍今夫子

積德懷義行之久矣奚居之窮也子曰由未之識也吾語汝汝以仁者爲必信也則伯夷叔齊不餓死首陽汝以智者爲必用也則王子比干不見剖心汝以忠者爲必報也則關龍逢不見刑汝以諫者爲必聽也則伍子胥不見殺夫遇不遇者時也賢不肖者才也君子博學深謀而不遇時者衆矣何獨丘哉且芝蘭生於幽林不以無人而不芳君子修道立德不爲窮困而敗節爲之者人也生死者命也是以晋重耳之有霸心生於曹衛越王勾

踐之有霸心生於會稽故居下而無憂者則思不遠處身而常逸者則志不廣庸知其終始乎子路出召子貢告如子路子貢曰夫子之道至大故天下莫能容夫子盍少貶焉子曰賜良農能稼不必能穡良工能巧不能爲順君子能修其道綱而紀之不必其能容今不修其道而求其容賜爾志不廣矣思不遠矣子貢出顏回入問亦如之顏回曰夫子之道至大天下莫能容雖然夫子推而行之世不我用有國者之醜也夫子何病焉不容然後

見君子孔子欣然嘆曰有是哉

曾子敝衣而耕於魯魯君聞之而致邑焉固辭不受曰吾聞受人施者常畏人與人者常驕人縱君有賜不我驕也吾豈能勿畏乎

入官第二十一

子張問入官於孔子子曰安身取譽爲難子張曰爲之如何子曰已有善勿專教不能勿怠已過勿發失言勿倚不善勿遂行事勿留君子入官具此六者則身安譽至而政從矣且夫忿數者獄之所

由生也距諫者忠之所以塞也慢易者禮之所以失也怠惰者時之所以後也奢侈者財之所以不足也專獨者事之所以不成也君子入官除此六者則身安譽至而政從矣故君子南面臨官大域之中而公治之精智而畧行之合是忠信考是大倫在是美惡進是利而除是害無求其報焉而民之情可得也夫臨之無抗民之志勝之無犯民之言量之無佼民之辭養之無擾於其時愛之無寬於刑法若此則身安譽至而民德也君子以臨官

所見於邇故明不可蔽所求於邇故不勞而得也所以治者約故不用衆而譽立凡法象在內故法不遠而源泉不竭是以天下積而本不寡長短得其量人志治而不亂政德貫乎心藏乎志形乎色發乎聲若此而身安譽至而民咸自治矣是故臨官不治則亂亂生則爭之者至爭之至又於亂明君必寬宥以容其民慈愛以優柔之而自得矣行者政之始說者情之導也善政行易而民不怨言調說和則民不變法在身則民象之明在已則民

顯之若乃供巳而不節財則財利之生者微矣貪以不得則善政必簡矣苟以亂之則善言必不聽也詳以納之則規諫日至言之善者在所日聞行之善者在所能爲故君上者民之儀也有司執政者民之表也邇臣便辟者群僕之倫也故儀不正則民失表不端則百姓亂邇臣便辟則群臣汙矣是以人君不可不敬乎三倫君子修身反道察理言而服之則身安譽至終始在焉故夫女子必自擇絲麻良工必自擇完材賢君必自擇左右勞於

取人佚於治事君子欲譽則必謹其左右爲上者辟如緣木焉務高而畏下滋甚六馬之乖離必於四達之交衢萬民之叛道必於君上之失政上者尊嚴而危民者卑賤而神愛之則存惡之則亡長民者必明此之要故南面臨官貴而不驕富而能供有本而能圖末修事而能建業久居而不滯情近而暢乎遠察一物而貫乎多治一物而萬物不能亂者以身本者也君子涖民不可以不知民之性而達諸民之情既知其性又習其情然後民乃

從命矣故世舉則民親之政均則民無怨故君子涖民不臨以高不導以遠不責民之所不為不強民之所不能以明王之功不因其情則民嚴而不逆篤之以累季之業不因其力則民引而不從若責民所不為強民所不能則民疾疾則僻矣古者聖王冕而前旒所以蔽明也紘紞(音膽)充耳所以掩聽也水至清則無魚人至察則無徒枉而直之使自得之優而柔之使自求之揆之度之使自索之民有小罪必求其善以赦其過民有大罪必原其

故以仁輔化如有死罪其使之生則善也故德者政之始也政不和則民不從其教矣不從教則不習不習則不可得而使也君子欲言之見信也莫善乎先虛其內欲政之速行也莫善乎以身先之欲民之速服也莫善乎以道御之故雖服必強自非忠信則無可以取親於百姓者矣內外不相應則無以取信於庶民者矣此治民之至道矣入官之大統矣子張既聞孔子斯言遂退而記之

困誓第二十二

孔子之宋匡人簡子以甲士圍之子路怒奮戟將與之戰孔子止之曰惡有修仁義而不免世俗之惡者乎夫詩書之不講禮樂之不習是丘之過也若以述先王好古法而爲咎者則非丘之罪也命之歌予和汝子路彈琴而歌孔子和之曲三終匡人解甲而罷孔子曰不觀高崖何以知顛墜之患不臨深淵何以知沒溺之患不觀巨海何以知風波之患失之者豈不在此乎士能慎此三者則無累於身矣

五帝德第二十三

宰我問黃帝孔子曰軒轅生而神靈弱而能言哲叡齊莊敦敏誠信長聰明治五氣設五量撫萬民度四方服牛乘馬擾馴猛獸以與炎帝戰于阪泉之野三戰而後克之始垂衣裳作爲黼黻命風后力牧常先大鴻以治民以順天地之紀知幽明之故達死生存亡之說播時百穀嘗味草木仁厚及於鳥獸昆虫考日月星辰勞耳目勤心力用水火財物以生萬民請問顓頊子曰高陽淵而有謀疏

通以智養財以任地履時以象天依鬼神而制義治氣性以教衆潔誠以祭祀巡四海以寧民北至幽都南暨交趾西抵流沙東極蟠木動靜之生小大之物日月所照莫不底屬請問帝嚳子曰高辛生而神異自言其名博施厚利不於其身聰以知遠明以察微仁而威惠而信以順天地之義知民所急修身而天下服取地之財而節用焉撫教萬民而誨利之歷日月之生朔而迎送之明鬼神之義而敬事之其色也和其德也重其動也時其服

也東春夏秋冬育護天下日月所照風雨所至莫
不從化請問帝堯子曰陶唐其仁如天其知如神
就之如日望之如雲富而不驕貴而能降伯夷典
禮夔龍典樂流四凶而天下服其言不忒其德不
回四海之內舟車所至莫不夷悅請問帝舜子曰
有虞孝友聞於四方陶漁事親寬裕而溫良敦敏
而知時畏天而愛民恤遠而親近承受大命依于
二女睿明智通為天下帝命二十二臣率堯舊職
恭已而已天平地成請問禹子曰夏后敏給克齊

其德不爽其仁可親其言可信聲爲律身爲度亹亹穆穆爲紀爲綱其功爲百神之主其惠爲民父母左準繩右規矩履四時據四海任皐陶伯益以賛其治與六師以征不庭四極之民莫敢不服

五帝第二十四

季康子問於孔子曰舊聞五帝之名而不知其實請問何謂五帝孔子曰昔丘也聞諸老聃曰天有五行水火金木土分時化育以成萬物其神謂之五帝古之王者易代而改號取法五行五行更王

終始相生亦象其義故其生爲明王者死而配五行是以太皞配木炎帝配火黃帝配土少皞配金顓頊配水康子曰太皞其始之木何如孔子曰五行用事先起於木木東方萬物之初皆出焉是故王者則之而首以木德王天下其次則以所生之行轉相承也康子曰吾聞勾芒爲木正祝融爲火正蓐收爲金正玄冥爲水正后土爲土正此五行之主而不亂稱曰帝者何也孔子曰凡五正者五行之官名五行佐成上帝而稱五帝太皞之屬配

焉亦云帝從其號昔少皥氏之子有四叔曰重曰
該曰修曰熙實能金木及水使重爲勾芒該爲蓐
收修及熙爲玄冥顓頊氏之子曰黎爲祝融共工
氏之子曰勾龍爲后土此五者各以其所能業爲
官職生爲上公死爲貴神别稱五祀不得同帝康
子曰如此之言帝王改號於五行之德各有所統
則其所以相變者皆主何事孔子曰所尚則各從
其所王之德次焉夏后氏以金德王色尚黒大事
歛用昏戎事乘(音成)驪牲用玄殷人用水德王色尚

白大事斂用日中戎事乘翰牲用白周人以木德
王色尚赤大事斂用日出戎事乘騵牲用騂此三
代之所以不同康子曰唐虞二帝所尚者何色孔
子曰堯以火德王色尚黄舜以土德王色尚青康
子曰陶唐有虞夏后殷周獨不配五帝意者德不
及上古耶將有限乎孔子曰古之平治水土及播
殖百穀者衆矣唯勾龍氏兼食於社而棄爲稷神
易代奉之無敢益者明不可與等故自太皞以降
逮于顓頊其應五行而王數非徒五而配五帝是

其德不可以多也

執轡第二十五

閔子騫爲費宰問政於孔子子曰以德以法夫德法者御民之具猶御馬之有銜勒也君者人也吏者轡也刑者策也夫人君之政執其轡策而已子騫曰敢問古之爲政孔子曰古者天子以內史爲左右手以德法爲銜勒以百官爲轡以刑罰爲策以萬民爲馬故御天下數百年而不失善御馬者正銜勒齊轡策均馬力和馬心故口無聲而馬

轡策不舉而極千里善御民者一其法正其百官以均齊民力和安民心故令不再而民順從刑不用而天下治是以天地德之而兆民懷之夫天地之所德兆民之所懷其政美其民而衆稱之今人言五帝三王者其盛無偶威察若存其故何也其法盛其德厚故思其德必稱其人朝夕祝之升聞於天上帝俱歆用永厥世而豐其秊不能御民者棄其德法專用刑辟譬猶御馬棄其銜勒而專用箠策其不制也可必矣夫無銜勒而用箠策馬必

傷車必敗無德法而用刑辟民必流國必亡治國而無德法則民無修民無修則迷惑失道如此上帝必以爲亂天道也古之御天下者以六官總治焉冢宰之官以成道司徒之官以成德宗伯之官以成仁司馬之官以成聖司寇之官以成義司空之官以成禮六官在手以爲轡司會均仁以爲納故曰御四馬者執六轡御天下者正六官是故善御馬者正身以總轡均馬力齊馬心回旋曲折唯其所之故可以取長道赴急疾此聖人所以御天

地與人事之法則也天子以內史爲左右手以六
官爲轡已與三公爲執六官均五教齊五法故亦
唯其所引無不如志以之道則國治以之德則國
安以之仁則國和以之聖則國平以之禮則國定
以之義則國乂此御政之術也
子夏曰商聞山書曰地東西爲緯南北爲經山爲
積德川爲積刑高者爲生下者爲死丘陵爲牡谿
谷爲牝咩音胖哈音惡䵷珠與月爲盛虛是故堅土之
人剛弱土之人柔墟土之人大沙土之人細息土

之人美耗（音毳）土之人醜食木者善遊而耐寒食土者無心而不息食木者多力而不治食草者善走而愚食桑者有緒而蛾食肉者勇毅而悍食氣者神明而壽食穀者知慧而巧不食者不死而神

論禮第二十七

子張問聖人之所以教孔子曰師乎吾語女聖人明於禮樂舉而措之而已子張又問孔子曰師爾以爲必布几筵揖讓升降酌獻酬酢然後謂之禮乎爾以爲必行綴兆執羽籥作鐘鼓然後謂之樂

乎言而可履禮也行而可樂樂也聖人力此二者以躬己南面是故天下太平萬民順伏百官承事上下有禮也夫禮之所以興衆之所以治也禮之所以廢衆之所以亂也目巧之室則有隩阼席則有上下車則有左右行則有並隨立則有列序古之義也室而無隩阼則亂於堂室矣席而無上下則亂於席次矣車而無左右則亂於車上矣行而無並隨則亂於階塗矣列而無次序則亂於著矣昔者明王聖人辨貴賤長幼正男女內外序親疏

遠近而莫敢相踰越者皆由此塗出也

五刑解第三十

冉有問於孔子曰古者三皇五帝不用五刑信乎孔子曰聖人之設防貴其不犯制五刑而不用所以爲至治也凡夫之爲姦邪竊盜靡法妄行者生於不足不足生於無度無度則小者偷盜大者侈靡各不知節是以上有制度則民知所止民知所止則不犯故雖有姦邪盜賊靡法妄行之獄而無陷刑之民不孝者生於不仁不仁者生於喪祭之

無禮明喪祭之禮所以教仁愛也能教仁愛則喪思慕祭祀不解人子饋養之道也喪祭之禮明則民孝矣故雖有不孝之獄而無陷刑之民弑上生於不義義所以別貴賤明尊卑也貴賤有別尊卑有序則民莫不尊上而敬長朝聘之禮者所以明義也義必明則民不犯故雖有弑上之獄而無陷刑之民鬬變者生於相陵相陵者生於長幼無序而遺敬讓鄉飲酒之禮者所以明長幼之序而崇敬讓也長幼必序民懷敬讓故雖有鬬變之獄而

無陷刑之民淫亂者生於男女無別男女無別則夫婦失義昏禮聘享者所以別男女明夫婦之義也男女既別夫婦既明故雖有淫亂之獄而無陷刑之民此五者刑罰之所以生各有源焉不豫塞其源而輒繩之以刑是謂爲民設穽而陷之刑罰之源生於嗜慾不節夫禮度者所以禦民之嗜慾而明好惡順天之道禮度既陳五教畢修而民猶或未化尚必明其法典以申固之其犯姦邪靡法妄行之獄者則飭制量之度有犯不孝之獄者則

飭喪祭之禮有犯弒上之獄者則飭朝覲之禮有犯鬭變之獄者則飭鄉飲酒之禮有犯淫亂之獄者則飭昏聘之禮三皇五帝之所以化民者如此雖有五刑不用不亦可乎

冉有問於孔子曰先王制法使刑不上於大夫禮不下於庶人然則大夫犯罪不可以加刑庶人之行事不可以治於禮乎孔子曰不然凡治君子以禮御其心所以屬之以廉耻之節也故古之大夫有坐不廉汙穢而退放之者不謂之不廉汙穢而

退放則曰簠簋不飭有坐淫亂男女無別者不謂之淫亂男女無別則曰帷幕不修有坐罔上不忠者不謂之罔上不忠則曰臣節未著有坐罷軟不勝任者不謂之罷軟不勝任則曰下官不職有坐干國之紀者不謂之干國之紀則曰行事不請此五者大夫既自定有罪名矣而猶不忍斥然正以呼之也既而爲之諱所以愧耻之是大夫之罪其在五刑之域者聞而譴發則白冠氂纓盤水加劍造乎闕而自請罪君不使有司執縛牽掣而加之

也其有大罪者聞命則北面再拜跪而自裁君不使人捽引而刑殺之也曰子大夫自取之耳吾遇子有禮矣以刑不上大夫而大夫亦不失其罪者教使然也凡所謂禮不下庶人者以庶人遽其事而不能充禮故不責之以備禮也

辯樂解第三十五

子路鼓琴孔子聞之謂冉有曰甚矣由之不才也夫先王制音也奏中聲以為節流入於南不歸於北夫南者生育之鄉北者殺伐之域故君子之音

温柔居中以養生育之氣憂愁之感不加于心暴厲之動不在于體乃所謂治安之風小人之音則不然亢麗（作厲）微末以象殺伐之氣中和之感不載于心温和之動不存于體乃所以爲亂亡之風昔者舜彈五絃之琴造南風之詩其詩曰南風之薰兮可以解吾民之慍兮南風之時兮可以阜吾民之財兮唯修此化故其興也勃焉德如泉流至于今王公大人述而弗忘殷紂好爲北鄙之聲其廢也忽焉至于今王公大人舉以爲誡夫舜起布衣

積德含和而終以帝紂爲天子荒淫暴亂而終以亡非各所修之致乎今也匹夫之徒曾無意於先王之制而習亡國之音豈能保其六七尺之體哉

屈節解第三十七

孔子在衛聞齊國田常將欲爲亂而憚鮑管因欲移其兵以伐魯孔子會諸弟子而告之曰魯父母之國不可不救今吾欲屈節於田常以救魯二三子誰爲使於是子路曰請往焉孔子弗許子張請往又弗許子石請往又弗許三子退謂子貢曰今

夫子欲屈節以救父母之國吾三人請使而不獲往此則吾子用辯之時也吾子盍請行焉子貢請使夫子許之遂如齊說田常曰夫魯者難伐之國而子欲之過矣田常曰魯何難伐也子貢曰其城薄以卑其地狹以泄其君愚而不仁其大臣爲而無用其士民又惡甲兵之事此不可與戰君不若移兵伐吳夫吳城高而厚池廣以深田段以新士選以飽重器精兵盡在其中又使明大夫守之此易伐也田常忿然作色曰子之所難人之所易子

之所易人之所難而以教常何也子貢曰吾聞之夫憂在內者攻强憂在外者攻弱今子憂在內吾聞子三封而三不成者大臣有不聽者也今子又欲破魯以廣齊戰勝以驕主破國以尊臣而子之功不與焉則交日疎於主是子上驕主心下恣群臣求以成大事難矣夫上驕則恣下恣則爭是子上與主有郤下與大臣交爭也如此則子立於齊危矣故曰不如伐吳伐吳不勝民人外死大臣內空是子上無彊臣之敵下無民人之過孤主制齊

者唯子也田常曰善然兵甲已加魯矣去而之吳大臣疑我奈何子貢曰君緩師吾請往見吳王令之救魯而伐齊君因以兵迎之田常許諾子貢遂南說吳王曰臣聞之王者不絕世霸者無强敵千鈞之重加銖兩而移今以萬乘之齊而私千乘之魯與吳爭强甚爲王患之且夫救魯顯名也伐齊大利也以撫泗上諸侯威暴齊而服强晋利莫大焉名存亡魯實困强齊願王不疑也吳王曰善雖然吾嘗與越戰棲之會稽越王今苦身養士有報

吳之心待我伐越然後可子貢曰越之勁不過魯吳之強不過齊王置齊而伐越則齊必私魯矣且王方以存亡繼絶爲名夫伐小越而畏強齊非勇也夫勇者不避難仁者不窮約智者不失時義者不絶世今存越示諸侯以仁救魯伐齊威加晉國諸侯必相率而朝吳霸業成矣若王必惡越臣請東見越王令出兵以從此則實空越而名從諸侯以伐齊吳王大悅乃使子貢之越越王除道郊迎身御至舍而問曰此蠻夷之國大夫何以儼然辱

而臨之子貢曰今者吾說吳王以救魯伐齊其志欲之而心畏越曰待我伐越而後可如此則破越必矣且夫無報人之志而令人疑之拙也有報人之意而使人知之殆也事未發而先聞者危也三者舉事之大患也越王頓首再拜曰孤少失前人內不量力與吳戰困於會稽痛入於骨髓日夜焦脣乾舌徒欲與吳王接踵而死孤之願也遂問子貢子貢曰吳王爲人暴猛群臣不堪國家敝於數戰士卒弗忍百姓怨上大臣內變申胥以諫死

太宰嚭用事順君之過以安其私此則報吳之時也今王誠發士卒佐之以徼射其志而重寶以說其心卑辭以尊其禮則其伐齊必矣彼戰不勝王之福矣戰勝必以兵臨晉臣還比見晉君令共攻之吳銳兵盡於齊重甲困於晉而王制其敝此滅吳必矣此聖人所謂屈節以求其伸者也越王大悅頓首許諾送子貢金百鎰劍一良矛二子貢不受遂行報吳王曰臣敬以大王之言告越王越王大恐曰孤不幸少失前人內不自量抵罪於吳軍

敗身辱棲於會稽國爲虛莽賴大王之賜使得奉
俎豆而修祭祀死不敢忘何謀之敢慮後五日越
王悉境内之兵使大夫種頓首言於吳王曰東海
役臣勾踐使者臣種敢修下吏問於左右今聞大
王將興大義誅强救弱困暴齊而撫周室請悉起
境内士卒三千人孤請自披堅執鋭以先受矢石
因越賤臣種奉先人藏器甲二十領鈇屈盧之矛
歩光之劍以賀軍吏吳王大說以告子貢曰越王
欲身從寡人伐齊可乎子貢曰不可夫空人之國

悉人之衆又從其君不義君受其幣許其師而辭其君吳王許諾乃謝越王於是吳王乃發九郡之兵以伐齊子貢因去之晉謂晉君曰慮不先定不可以應卒兵不先辨不可以勝敵今夫齊與吳將戰彼戰而不勝越亂之必矣與齊戰而勝必以其兵臨晉晉君大恐曰爲之柰何子貢曰休兵修卒以待之晉君許諾子貢去而之魯吳王果與齊人戰於艾陵大破齊師獲七將軍之兵而不歸果以兵臨晉與晉人相遇黃池之上吳晉爭彊晉人擊

之大敗吳師越王因之涉江襲吳去城七里而軍吳王聞之去晋而歸與越戰於五湖三戰不勝城門不守越遂圍王宮殺夫差而戮其相破吳三年東向而霸故子貢一出存魯亂齊破吳彊晋而霸越子貢一使使勢相破十年之中五國各有變孔子曰夫其亂齊存魯吾之初願若强晋以敝吳使吳亡而越霸者賜之說也美言傷信慎言哉

正論解第三十八

鄭有鄉校鄉校之士非論執政𩫖音宗明欲毀鄉校

子產曰何以毀爲也夫人朝夕退而遊焉以議執政之善否其所善者吾則行之其所否者吾則改之若之何其毀也我聞忠善以損怨不聞立威以防怨防怨猶防水也大決所犯傷人必多吾弗克救也不如小決使導之不如吾聞而藥之孔子聞是言也曰吾以是觀之人謂子產不仁吾不信也

子夏問第四十三

李平子卒將以君之璠璵斂贈以珠玉孔子爲中都宰聞之歷級而救焉曰送而以寶玉是猶曝屍

於中原也其示民以姦利之端而有害於死者安
用之且孝子不順情以危親忠臣不兆姦以陷君

滙古菁華卷六終